オールカラー

超入門！書いて覚える

タイ語

ドリル

音声
ダウンロード
付き

コースィット・
ティップティエンポン

［著］

ナツメ社

🐘 はじめに 🐘

　本書は、タイ語をゼロから学びたい人のための「超」入門書です。タイ料理やポップカルチャーの影響で、近年日本国内でタイ語の学習者が増えています。この本はタイ語がまったくわからない方でも、気軽に基礎から読み書きと日常的に役立つ文法と表現を学習できる構成となっています。

　現在タイ語学の研究が進んでおり、タイ国内で今まで常識とされていた知識は一部更新されました。本書は、タイ語に関する研究や情報を発信する、政府機関である王立学士院（Office of the Royal Society）の資料を参考にしながら、可能な限り最新の情報を取り入れています。

　第1章ではタイ語の文字や発音を、次に第2章では基本的な文法を学びます。そして第3章では、1〜2章でマスターした内容を活用した表現を覚えていきます。またタイ語に関する知識や、文字を覚えるコツのコラム、巻末にはイラスト単語集もあります。第1章から順番に学習していくことをすすめます。

　タイ語は日本語にない発音が多いので、ダウンロードサービスの音声を繰り返し聞いて、なぞり書きをしたり、自分で書いたりするのが効果的です。本書は、発音しやすくするため、文字やフレーズに発音記号、つまり国際音声記号（IPA）とカタカナの表記を記載しています。しかし、タイ人は基本的にIPAを使わず、また、カタカナ読みはあくまでも目安です。なるべく音声を聞いて正確にタイ語の発音を覚えましょう。

　各レッスンは基本的に2ページ完結となっています。イラストも多く充実した内容で、解説ページと練習ページがセットとなっているので、楽しく深く学び続けることができます。最後までしっかり学習したら、タイ語の看板やメニューが読めるだけでなく、あいさつと簡単な会話もできるようになります。さあ、一緒に学習を始めましょう。

コースィット　ティップティエンポン

目次

第1章  タイ文字と発音

第2章 タイ語の文法

第 3章 タイ語のフレーズ

巻末付録　イラスト単語集

本書の使い方

　本書は、タイ語の入門編として、「文字」「文法」「よく使うフレーズ」という3ステップで構成されています。

　タイの文字は見慣れない不思議な形をしていますが、母音と子音、声調記号の組み合わせから成っています。基本的には組み合わせ通りに読んでいきますが、特殊な読み方をすることもあるため、しっかり学習できるよう、ていねいに解説しています。

　文法では、基本的な文の構成を学びます。タイ語では動詞や形容詞が活用したり人称代名詞が変化したりすることもありません。ダウンロードした音声を聞きながら、基本の文法を学びましょう。

　よく使うフレーズでは、場面別に便利な表現を紹介しています。そのまま覚えて、使ってみましょう。

第1章 | タイ文字と発音

タイ語を書き表す文字は、母音と子音、声調記号から成ります。規則通りに読むもの、特殊な読み方をするもののほか、外来語のつづり方や数字も学習しましょう。

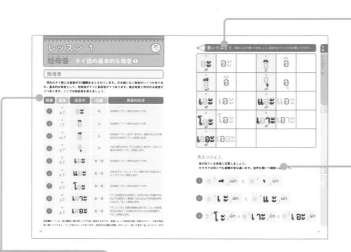

書いて覚える

解説ページで学んだ文字を、なぞって書いたりバランスを見ながら自分で書いて練習します。

補足事項

ほかに知っておきたいことや注意事項などをまとめて解説しています。

文字を覚える 左ページで文字の形を覚えます。

第2章 タイ語の文法

タイ語の文の組み立てを学びましょう。

書いて覚える

解説ページで学んだ文法を、構造を意識しながら書いて練習します。

解説を読む 文の構成がわかりやすいよう、語句を色分けしています。

第3章 タイ語のフレーズ

日常のコミュニケーションに役立つ表現を学びましょう。
そのまま覚えて使えるようになりましょう。

書いて覚える

解説ページで学んだフレーズを、表現を意識しながら書いて練習します。

解説を読む 覚えておくと便利な表現を10個、取り上げています。

本書の使い方

練習問題・コラム

各章の最後に、学習したことをおさら
いするために練習問題を設けています。
解いてみましょう。コラムでは、タイ
文字をきれいに書くコツ、色、柄の言
い方、「〜したい」の言い方をまとめ
ました。

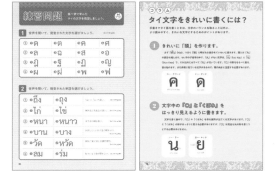

巻末付録

あいさつ、身の回りの単語をイラスト
つきで紹介しています。これらの語句
を書いて、タイ文字の練習をするのも
おすすめです。

音声について

音声ファイルマークがある箇所の日本語とタイ語の音声データをダウン
ロードできるようにしています。本書では、学習の助けになるよう、タイ
語の発音をカタカナと国際発音記号で表記していますが、正しい発音は音
声を聞いて確認してください。

●ダウンロード音声について
音声ファイルはナツメ社のウェブサイト（https://www.natsume.co.jp/）
の「オールカラー 超入門！ 書いて覚えるタイ語ドリル」のページよりダ
ウンロードできます。ダウンロードした音声は、パソコンやスマホの
MP3 対応のオーディオプレーヤーで再生できます。

第1章

タイ文字

と

発音

短母音（たんぼいん）　タイ語の基本的な母音❶

短母音

　現在のタイ語には母音が21種類あるとされています。日本語にない母音がいくつかあります。基本的な母音として、短母音が9つと長母音が9つあります。複合母音と呼ばれる母音が3つあります。ここでは短母音を覚えましょう。

順番	発音	母音字	位置	発音の仕方
①	ア a?	อะ	右	日本語の「ア」と考えればいいです。
②	イ i?	อิ	上	日本語の「イ」と考えればいいです。
③	ウ ɯ?	อึ	上	日本語の「ウ」に似ていますが、発音するときに唇を広げたままで「ウ」と発音します。
④	ウ u?	อุ	下	「ɯ?」(唇を広げた「ウ」)に似ていますが、なるべく唇をすぼめて「ウ」と発音します。
⑤	エ e?	เอะ	左・右	日本語の「エ」と考えればいいです。
⑥	エ ɛ?	แอะ	左・右	口を広げて、「エ」と「ア」の間でのどを詰めるイメージで「エ」発音します。
⑦	オ o?	โอะ	左・右	日本語の「オ」と考えればいいです。
⑧	オ ɔ?	เอาะ	左・右	「ア」を発音する口の形で、口の中で丸い空間ができたような感覚で、普通の「o?」(オ)より舌の奥を押えながら、「オ」と発音します。
⑨	ウ ə?	เออะ	左・右	「ウ」と「オ」の間の曖昧な音です。「エ」を発音する口の形で、口の真ん中ぐらいから出す感覚で、「ウ」と発音します。

発音欄の「?」は、音の最後に喉を閉じてやや強く発音する印です。単語によって短母音は軽く発音されたり、子音が短母音に続いたりすると、「?」が消えることがあります。母音字の位置を把握しやすいよう、仮に子音字「อ」を入れています。

書いてみよう 発音しながら書いてみましょう。母音字のバランスにも注意してください。

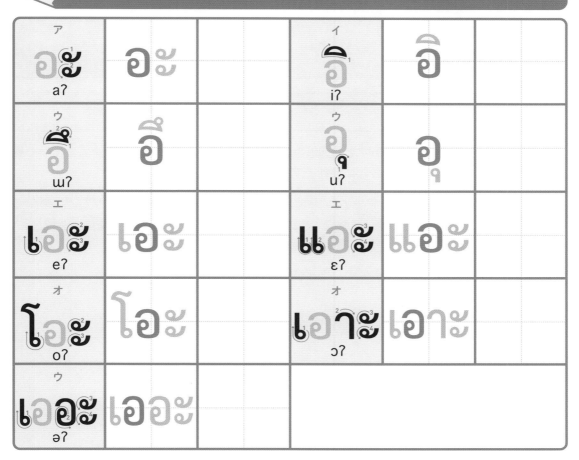

気をつけよう

音が似ている母音に注意しましょう。

カタカナは同じでも実際の音は違います。音声を聞いて確認しましょう。

Ⅰ ③「◌ᷔ」(ゥ ɯʔ) と ④「◌ุ」(ゥ uʔ)

Ⅱ ⑤「เ◌ะ」(エ eʔ) と ⑥「แ◌ะ」(エ ɛʔ)

Ⅲ ⑦「โ◌ะ」(オ oʔ) と ⑧「เ◌าะ」(オ ɔʔ) と ⑨「เ◌อะ」(ゥ əʔ)

レッスン 2

長母音 <ruby>長母音<rt>ちょうぼいん</rt></ruby> タイ語の基本的な母音②

長母音

　長母音は9つあります。長母音字と短母音字は異なりますが、短母音の音を伸ばすだけで長母音になるので、ペアで覚えておけば便利です。

順番	発音	母音字	位置	発音の仕方
1	アー a a	อา	右	日本語の「アー」と考えればいいです。
2	イー i i	อี	上	日本語の「イー」と考えればいいです。
3	ウー ɯ ɯ	อือ	上・右	唇を広げたままで「ウー」と発音します。
4	ウー u u	อู	下	「ɯɯ」(唇を広げた「ウー」)に似ていますが、なるべく唇をすぼめて「ウー」と発音します。
5	エー e e	เอ	左	日本語の「エー」と考えればいいです。
6	エー ɛ ɛ	แอ	左	口を広げて、「エ」と「ア」の間で舌の奥を押さえたイメージで「エー」と発音します。
7	オー o o	โอ	左	日本語の「オー」と考えればいいです。
8	オー ɔ ɔ	ออ	右	「ア」を発音する口の形で、口の中で丸い空間ができたようなイメージで、普通の「oo」(オー)より舌の奥を押さえながら、「オー」と発音します。
9	ウー ə ə	เออ	左・右	曖昧な音です。「エ」を発音する口の形で、口の真ん中ぐらいから、「ウー」と発音します。

書いてみよう
発音しながら書いてみましょう。母音字のバランスにも注意してください。

タイの文字は丸の部分から書き始めます。丸が左回りか右回りかは、文字によって違います。バランスよく書くには、書き始めの丸の位置を見定めるといいでしょう。

気をつけよう

短母音と同様に音に注意しましょう。

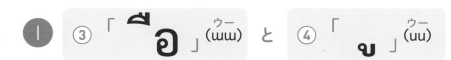

レッスン 3

声調と子音　5つの声調・44字の子音

せいちょう　しいん

タイ語の声調

　タイ語には音楽のような声調が5つあります。声調とは音の高低、つまり各音節の抑揚を指します。音の高さや、上がり方、下がり方によって言葉の意味が異なります。

　例えば、「マー」という音は普通の高さで平らに発音すると「maa」となり、「来る」という意味になります。やや高い音で発声し、残りの3割ほどのところでぐっと音を高く上げると「máa」となり、「馬」という意味になります。5つの声調のイメージは図の通りです。

①平声	②低声	③下声	④高声	⑤上声
へいせい	ていせい	かせい	こうせい	じょうせい
aa	àa	âa	áa	ǎa

順番	声調	記号（例）	発音の仕方
1	平声	記号なし (maa)	普通の高さで、抑揚をつけずに全体的に平らに発音します。
2	低声	` (màa)	平声より低い音で抑揚をつけずに発音します。
3	下声	^ (mâa)	平声よりやや高いところから下がる発音です。山に登って下りることをイメージすると発音しやすくなります。
4	高声	´ (máa)	下声の出発点あたりで発声し、高さを保ったまま上がりながら、残りの3割ほどのところでさらに高く上がりきるイメージで発音します。
5	上声	ˇ (mǎa)	低声の出発点あたりから上がる発音です。下声の反対をイメージすると、発音しやすくなります。

子音

タイ語の子音字は44字ありますが、同じ音を表す文字もあり音は21音です。各子音字は母音の「ɔɔ」（オー）をつけた音とその文字が使われる典型的な単語の名称（鶏のコーなど）で呼びます。

① k 中	② kh 高	④ kh 低	⑥ kh 低	⑦ ŋ 低	⑧ c 中
コー・カイ	コー・カイ	コー・クワーイ	コー・ラカン	ゴー・グー	チョー・チャーン
ก	ข	ค	ฆ	ง	จ
kɔɔ kày (鶏)	khɔɔ khày (卵)	khɔɔ khwaay (水牛)	khɔɔ rakhaŋ (鐘)	ŋɔɔ ŋuu (蛇)	cɔɔ caan (皿)

⑨ ch 高	⑩ ch 低	⑪ s 低	⑫ ch 低	⑬ y 低	⑭ d 中
チョー・チン	チョー・チャーン	ソー・ソー	チョー・チュー	ヨー・イン	ドー・チャダー
ฉ	ช	ซ	ฌ	ญ	ฎ
chɔɔ chìŋ (伝統的なシンバル)	chɔɔ cháaŋ (象)	sɔɔ sôo (鎖)	chɔɔ chəə (木)	yɔɔ yǐŋ (女性)	dɔɔ chadaa (冠)

⑮ t 中	⑯ th 高	⑰ th 低	⑱ th 低	⑲ n 低	⑳ d 中
トー・パタック	トー・ターン	トー・モントー	トー・プータオ	ノー・ネーン	ドー・デック
ฏ	ฐ	ฑ	ฒ	ณ	ด
tɔɔ patàk ([牛や象を追うための]槍)	thɔɔ thǎan (台座)	thɔɔ monthoo (モントー夫人)	thɔɔ phûu-thâw (老人)	nɔɔ neen (少年僧、沙弥)	dɔɔ dèk (子ども)

㉑ t 中	㉒ th 高	㉓ th 低	㉔ th 低	㉕ n 低	㉖ b 中
トー・タオ	トー・トゥン	トー・タハーン	トー・トン	ノー・ヌー	ボー・バイマーイ
ต	ถ	ท	ธ	น	บ
tɔɔ tàw (亀)	thɔɔ thǔŋ (袋)	thɔɔ thahǎan (兵士)	thɔɔ thoŋ (旗)	nɔɔ nǔu (鼠)	bɔɔ baimáay (葉)

㉗ p 中	㉘ ph 高	㉙ f 高	㉚ ph 低	㉛ f 低	㉜ ph 低
ポー・プラー	ポー・プン	フォー・ファー	ポー・パーン	フォー・ファン	ポー・サムパオ
ป	ผ	ฝ	พ	ฟ	ภ
pɔɔ plaa (魚)	phɔɔ phʉ̂ŋ (蜂)	fɔɔ fǎa (蓋)	phɔɔ phaan (台座付皿)	fɔɔ fan (歯)	phɔɔ sǎmphaw (ジャンク[船])

㉝ m 低	㉞ y 低	㉟ r 低	㊱ l 低	㊲ w 低	㊳ s 高
モー・マー	ヨー・ヤック	ロー・ルーア	ロー・リン	ウォー・ウェーン	ソー・サーラー
ม	ย	ร	ล	ว	ศ
mɔɔ máa (馬)	yɔɔ yák (鬼)	rɔɔ rʉa (船)	lɔɔ liŋ (猿)	wɔɔ wɛ̌ɛn (指輪)	sɔɔ sǎalaa (東屋)

㊴ s 高	㊵ s 高	㊶ h 高	㊷ l 低	㊸ ʔ 中	㊹ h 低
ソー・ルースィー	ソー・スーア	ホー・ヒープ	ロー・チュラー	オー・アーン	ホー・ノックフーク
ษ	ส	ห	ฬ	อ	ฮ
sɔɔ rʉʉsǐi (仙人)	sɔɔ sʉ̌a (虎)	hɔɔ hìip (つづら)	lɔɔ culaa (凧)	ʔɔɔ ʔàaŋ (水瓶、たらい)	hɔɔ nók-hûuk (梟)

※子音字は中子音、高子音、低子音の3グループに分けられます（表では中・高・低で分類しています）。
※現在③と⑤は使われないので、実際に使う文字は42字になります。また、㊸は母音字の一部としても使われます。
※「ay」（①②）と「ai」（㉖）の表記は同じ発音とされています（レッスン18）。

レッスン 4

中子音　9つの子音
<ruby>中<rt>ちゅう</rt></ruby><ruby>子<rt>し</rt></ruby><ruby>音<rt>いん</rt></ruby>

中子音

　タイ語の音節は子音の種類（中子音・高子音・低子音）や母音などの組み合わせによって声調が決まります。中子音と呼ばれる文字は9字あります。

発音	文字	発音の仕方
k	コー・カイ กอ kɔɔ kày	「ゴー」と「コー」の間の音です。日本語の濁音の「ゴー」や、息をたくさん出す「コー」と発音しないように注意しましょう。「ゴー」だと違和感があり、「コー」だと別の子音に聞こえてしまいます。
c	チョー・チャーン จอ cɔɔ caan	日本語の「チ」と「ジ」の間の音です。息を出さないように発音します。
d	ドー・チャダー ฎอ dɔɔ chadaa	日本語の「ダ」や「ド」の「d」のように発音します。
t	トー・パタック ฏอ tɔɔ patàk	日本語の「タ」や「ト」の「t」に近いですが、「すたすた」(suta suta)のように、息を出さない「t」で発音します。
d	ドー・デック ดอ dɔɔ dèk	日本語の「ダ」や「ド」の「d」のように発音します。
t	トー・タオ ตอ tɔɔ tàw	日本語の「タ」や「ト」の「t」に近いですが、「すたすた」(suta suta)のように、息を出さない「t」で発音します。
b	ボー・バイマーイ บอ bɔɔ baimáay	日本語の「バ」や「ボ」の「b」のように発音します。
p	ポー・プラー ปอ pɔɔ plaa	日本語の「パ」や「ポ」の「p」に近いですが、日本語で「スポーツ」と言うときのように、息を出さない「p」で発音します。
ʔ	オー・アーン ออ ʔɔɔ ʔàaŋ	子音の「ʔɔɔ ʔàaŋ」は母音の一部としても使われます。母音の「○อ」(ɔɔ)と同じ発音になります。

子音字の位置を把握しやすいよう、仮に母音字「อ」を入れています。

書いてみよう　発音しながら書いてみましょう。文字のバランスにも注意してください。

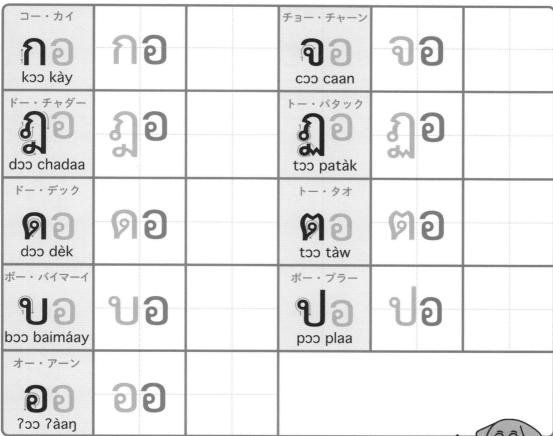

コー・カイ ก อ kɔɔ kày	ก อ			チョー・チャーン จ อ cɔɔ caan	จ อ	
ドー・チャダー ฎ อ dɔɔ chadaa	ฎ อ			トー・パタック ฏ อ tɔɔ patàk	ฏ อ	
ドー・デック ด อ dɔɔ dèk	ด อ			トー・タオ ต อ tɔɔ tàw	ต อ	
ボー・バイマーイ บ อ bɔɔ baimáay	บ อ			ポー・プラー ป อ pɔɔ plaa	ป อ	
オー・アーン อ อ ʔɔɔ ʔàaŋ	อ อ					

「ฎ」（dɔɔ chadaa）と「ด」（dɔɔ dèk）は「d」、「ฏ」（tɔɔ patàk）と「ต」（tɔɔ tàw）は「t」を表します。「ฎ」と「ฏ」は「ด」と「ต」に比べ、使われる頻度が低いです。

ミニ知識

　タイでは、子どもが中子音を覚えるのに便利な文を使います。各単語の頭子音は中子音なので、この文を覚えておけば簡単に中子音を覚えられます。

| カイ ไก่
鶏
kày | チック จิก
突く
cìk | デック เด็ก(ฎ)
子ども
dèk | ターイ ตาย(ฏ)
死ぬ
taay | ボン บน
上
bon | パーク ปาก
口
pàak | オーン โอ่ง
水瓶
ʔòoŋ |

　「鶏は子どもをつついて水瓶のふちで死なせる」という意味です。まだ文字を学び始めたばかりの皆さんには難しいと思いますが、文字が読めるようになったころ、読み返してみると面白く感じます。

※単語に含まれている青い文字と（　）内の文字は同音ですが、入れ替えることはできません。簡単に覚えるため、使用頻度が高い文字を含んだ語を使っている文となっています。

レッスン 5

中子音と母音の組み合わせ

中子音と短母音の組み合わせ

頭子音(次ページ参照)としての中子音を短母音と組み合わせると、声調は低声になります。

※子音と母音の組み合わせは一部を例として入れています。

中子音 ＼ 短母音	ア ◌ั a?	イ ◌ิ i?	ウ ◌ึ ɯ?	ウ ◌ุ u?	エ เ◌ะ e?
コー・カイ ก kɔɔ kày	カ กะ kà?	キ กิ kì?	ク กึ kɯ̀?	ク กุ kù?	ケ เกะ kè?
チョー・チャーン จ cɔɔ caan	チャ จะ cà?	チ จิ cì?	チュ จึ cɯ̀?	チュ จุ cù?	チェ เจะ cè?
ドー・デック ด dɔɔ dèk	ダ ดะ dà?	ディ ดิ dì?	ドゥ ดึ dɯ̀?	ドゥ ดุ dù?	デ เดะ dè?

中子音と長母音の組み合わせ

頭子音としての中子音は長母音と組み合わせると、声調は平声になります。

中子音 ＼ 長母音	エー เ◌ ee	エー แ◌ ɛɛ	オー โ◌ oo	オー ◌อ ɔɔ	ウー เ◌อ əə
トー・タオ ต tɔɔ tàw	テー เต tee	テェー แต tɛɛ	トー โต too	トー ตอ tɔɔ	トゥー เตอ təə
ボー・バイマーイ บ bɔɔ baimáay	ベー เบ bee	ベェー แบ bɛɛ	ボー โบ boo	ボー บอ bɔɔ	ブー เบอ bəə
ポー・プラー ป pɔɔ plaa	ペー เป pee	ペェー แป pɛɛ	ポー โป poo	ポー ปอ pɔɔ	プー เปอ pəə
オー・アーン อ ʔɔɔ ʔàaŋ	エー เอ ʔee	エェー แอ ʔɛɛ	オー โอ ʔoo	オー ออ ʔɔɔ	ウー เออ ʔəə

18

書いてみよう

発音しながら書いてみましょう。文字のバランスにも注意してください。

コー　ア　カ				
ก + **○ะ** = **กะ** kɔɔ　　aʔ　　kàʔ	กะ			
チョー　ア　チャ				
จ + **○ะ** = **จะ** cɔɔ　　aʔ　　càʔ	จะ			
ドー　ウ　ドゥ				
ด + **◌ุ** = **ดุ** dɔɔ　　uʔ　　dùʔ	ดุ			
トー　オー　トー				
ต + **โ○** = **โต** tɔɔ　　oo　　too	โต			
ボー　オー　ボー				
บ + **โ○** = **โบ** bɔɔ　　oo　　boo	โบ			
ポー　エー　ペー				
ป + **เ○** = **เป** pɔɔ　　ee　　pee	เป			
オー　ウー　ウー				
อ + **เ○อ** = **เออ** ʔɔɔ　　əə　　ʔəə	เออ			

頭子音とは音節の最初にある子音のことで、子音という場合は多く
は頭子音を指します。タイ語の子音にはそのほかに、音節を締めく
くる末子音というものもあります（末子音はレッスン14を参照）。

〈音声について〉組み合わせを紹介するページでは、表の左列の文字→表の上段の文字→組み合わせて完成した文字の順
で読んでいます。中子音と短母音の組み合わせ表なら、**ก**(kɔɔ)・**○ะ**(aʔ)・**กะ**(kàʔ)、**ก**(kɔɔ)・**◌ิ**(iʔ)・**กิ**(kìʔ)のよう
に読み、一段読んだところで完成した文字を通して読んでいます。

レッスン 6

高子音　11 字の高子音、使われる 10 字
（こうしいん）

高子音

高子音と呼ばれる 11 字のうち、「ฃ」(khɔ̌ɔ khùat) を除いた 10 字を使います。
（コー・クワット）

発音	文字	発音の仕方
kh	コー・カイ ข khɔ̌ɔ khày	日本語の「カ」にあたる「k」で、息を出しながら発音します。
ch	チョー・チン ฉ chɔ̌ɔ chìŋ	日本語の「チ」より少し弱い「ch」の発音ですが「シ」(sh) よりは強く発音し、息をたくさん出しません。なお、タイ語には原則として「sh」の音がないとされています。
th	トー・ターン ฐ thɔ̌ɔ thǎan	日本の「ト」の「t」で、息を出しながら発音します。中子音の「ฏ」(tɔɔ patàk) や「ต」(tɔɔ tàw) より息をたくさん出します。
th	トー・トゥン ถ thɔ̌ɔ thǔŋ	日本の「ト」の「t」で、息を出しながら発音します。「ฐ」(thɔ̌ɔ thǎan) と同じ発音です。
ph	ポー・プン ผ phɔ̌ɔ phûŋ	日本語の「パ」の「p」で、息を出しながら発音します。中子音の「ป」(pɔɔ plaa) より息をたくさん出します。
f	フォー・ファー ฝ fɔ̌ɔ fǎa	英語の「f」のイメージで、上の歯を下の唇につけてゆっくり息を出して発音します。
s	ソー・サーラー ศ sɔ̌ɔ sǎalaa	日本語の「サ」の「s」と同じ発音です。
s	ソー・ルースィー ษ sɔ̌ɔ rɯɯsǐi	日本語の「サ」の「s」と同じ発音です。「ศ」(sɔ̌ɔ sǎalaa) と同じ発音です。
s	ソー・スーア ส sɔ̌ɔ sǔa	日本語の「サ」の「s」と同じ発音です。「ศ」(sɔ̌ɔ sǎalaa) と同じ発音です。
h	ホー・ヒープ ห hɔ̌ɔ hìip	日本語の「ハ」の「h」と同じ発音です。

20

書いてみよう
発音しながら書いてみましょう。文字のバランスにも注意してください。

コー・カイ ขอ khɔ̌ɔ khày	ขอ		チョー・チン ฉอ chɔ̌ɔ chìŋ	ฉอ	
トー・ターン ฐอ thɔ̌ɔ thǎan	ฐอ		トー・トゥン ถอ thɔ̌ɔ thǔŋ	ถอ	
ポー・プン ผอ phɔ̌ɔ phûŋ	ผอ		フォー・ファー ฝอ fɔ̌ɔ fǎa	ฝอ	
ソー・サーラー ศอ sɔ̌ɔ sǎalaa	ศอ		ソー・ルースィー ษอ sɔ̌ɔ rɯɯsǐi	ษอ	
ソー・スーア สอ sɔ̌ɔ sǔa	สอ		ホー・ヒープ หอ hɔ̌ɔ hìip	หอ	

ミニ知識

高子音を覚えるのに便利な文があります。「お化けは(誰かにお願いして)私に米袋をくれる」という意味です。

ピー ผี	ファーク ฝาก	トゥン ถุง(ฐ)	カーオ ข้าว サーン สาร(ศ,ษ) ข้าวสาร	ハイ ให้	チャン ฉัน
お化け phǐi	預ける fàak	袋 thǔŋ	お米 khâawsǎan	あげる hâi	私 chán

高子音の「th」には「ฐ」(thɔ̌ɔ thǎan)と「ถ」(thɔ̌ɔ thǔŋ)があり、単語ごとに使い分けています。「ถ」のほうがよく使われます。また、「s」も「ศ」(sɔ̌ɔ sǎalaa)、「ษ」(sɔ̌ɔ rɯɯsǐi)、「ส」(sɔ̌ɔ sǔa)を単語ごとに使い分けています。この3字では「ส」が一番よく使われます。

レッスン 7

高子音と母音の組み合わせ

高子音と短母音の組み合わせ

　頭子音としての高子音は短母音と組み合わせると、声調は低声になります。中子音と短母音を組み合わせる場合と同じ声調です。

短母音／高子音	ア ◌ั a?	イ ◌ิ i?	ウ ◌ึ ɯ?	ウ ◌ุ u?	エ เ◌ะ e?
コー・カイ ข khɔ̌ɔ khày	カ ขะ khà?	キ ขิ khì?	ク ขึ khɯ̀?	ク ขุ khù?	ケ เขะ khè?
チョー・チン ฉ chɔ̌ɔ chìŋ	チャ ฉะ chà?	チ ฉิ chì?	チュ ฉึ chɯ̀?	チュ ฉุ chù?	チェ เฉะ chè?
トー・トゥン ถ thɔ̌ɔ thǔŋ	タ ถะ thà?	ティ ถิ thì?	トゥ ถึ thɯ̀?	トゥ ถุ thù?	テ เถะ thè?

高子音と長母音の組み合わせ

　頭子音としての高子音は長母音と組み合わせると、声調は上声になります。

長母音／高子音	エー เ◌ ee	エー แ◌ εε	オー โ◌ oo	オー ◌อ ɔɔ	ウー เ◌อ əə
ポー・プン ผ phɔ̌ɔ phɯ̌ŋ	ペー เผ phěe	ペェー แผ phěε	ポー โผ phǒo	ポー ผอ phɔ̌ɔ	プー เผอ phə̌ə
ソー・スーア ส sɔ̌ɔ sɯ̌a	セー เส sěe	セェー แส sěε	ソー โส sǒo	ソー สอ sɔ̌ɔ	スー เสอ sə̌ə
ホー・ヒープ ห hɔ̌ɔ hìip	ヘー เห hěe	ヘェー แห hěε	ホー โห hǒo	ホー หอ hɔ̌ɔ	フー เหอ hə̌ə

✏️ **書いてみよう** 発音しながら、高子音と短母音、長母音を組み合わせて書いてみましょう。

短母音 / 高子音	ア ◌ะ aʔ	イ ◌ิ iʔ	ウ ◌ึ ɯʔ	ウ ◌ุ uʔ	エ เ◌ะ eʔ
コー **ข** +... khɔ̌ɔ	ขะ	ขิ	ขี	ขุ	เขะ
トー **ฐ** +... thɔ̌ɔ	ฐะ	ฐิ	ฐี	ฐุ	เฐะ

長母音 / 高子音	エー เ◌ ee	エー แ◌ ɛɛ	オー โ◌ oo	オー ◌อ ɔɔ	ウー เ◌อ əə
トー **ฐ** +... thɔ̌ɔ	เฐ	แฐ	โฐ	ฐอ	เฐอ
ポー **ผ** +... phɔ̌ɔ	เผ	แผ	โผ	ผอ	เผอ
フォー **ฝ** +... fɔ̌ɔ	เฝ	แฝ	โฝ	ฝอ	เฝอ
ソー **ส** +... sɔ̌ɔ	เส	แส	โส	สอ	เสอ

23

レッスン 8

対応字 低子音 ①
たいおうじ　ていしいん

対応字

　「高子音字」と同じ音を表す「低子音字」があります。低子音字と呼ばれる24字のうち、現在使われているのは「ฅ」(khɔɔ khon)を除いた23字です。

　低子音は2種類に分類されます。高子音とペアを組む（対応する）ことができる低子音は対応字と呼ばれます。例えば、「kh」を表す高子音の「ข」(khɔɔ khày)に対して、低子音の中で「kh」を表す文字「ค」(khɔɔ khwaay)などがあります。高子音・低子音のペアがない文字は単独字と呼ばれます。まず、ここで対応字を学習します。

発音	文字		発音の仕方
kh	コー・クワーイ ค khɔɔ khwaay	コー・ラカン ฆ khɔɔ rakhaŋ	高子音の「ข」(khɔɔ khày)と同じ発音です。
ch	チョー・チャーン ช chɔɔ cháaŋ	チョー・チュー ฌ chɔɔ chəə	高子音の「ฉ」(chɔɔ chìŋ)と同じ発音です。
s	ソー・ソー ซ sɔɔ sôo		高子音の「ศ」(sɔɔ sǎalaa)と同じ発音です。
th	トー・モントー ฑ thɔɔ monthoo	トー・プータオ ฒ thɔɔ phûu-thâw	高子音の「ฐ」(thɔɔ thǎan)と同じ発音です。
	トー・タハーン ท thɔɔ thahǎan	トー・トン ธ thɔɔ thoŋ	
ph	ポー・パーン พ phɔɔ phaan	ポー・サムパオ ภ phɔɔ sǎmphaw	高子音の「ผ」(phɔɔ phuŋ)と同じ発音です。
f	フォー・ファン ฟ fɔɔ fan		高子音の「ฝ」(fɔɔ fǎa)と同じ発音です。
h	ホー・ノックフーク ฮ hɔɔ nók-hûuk		高子音の「ห」(hɔɔ hìip)と同じ発音です。

書いてみよう

発音しながら書いてみましょう。文字のバランスにも注意してください。

コー・クワーイ			コー・ラカン		
คอ khɔɔ khwaay	คอ		**ฆอ** khɔɔ rakhaŋ	ฆอ	
チョー・チャーン			チョー・チュー		
ฌอ chɔɔ cháaŋ	ฌอ		**ฌอ** chɔɔ chəə	ฌอ	
ソー・ソー					
ซอ sɔɔ sôo	ซอ				
トー・モントー			トー・プータオ		
ฑอ thɔɔ monthoo	ฑอ		**ฒอ** thɔɔ phûu-thâw	ฒอ	
トー・タハーン			トー・トン		
ฑอ thɔɔ thahǎan	ฑอ		**ธอ** thɔɔ thoŋ	ธอ	
ポー・パーン			ポー・サムパオ		
พอ phɔɔ phaan	พอ		**ภอ** phɔɔ sǎmphaw	ภอ	
フォー・ファン					
ฟอ fɔɔ fan	ฟอ				
ホー・ノックフーク					
ฮอ hɔɔ nók-hûuk	ฮอ				

気をつけよう

「**ค**」(khɔɔ khwaay)は中子音の「**ด**」(dɔɔ dèk)に似ていますが、頭（丸いところ）の向きが異なります。間違えないよう、気をつけてください。

レッスン 9

対応字と母音の組み合わせ

低子音と短母音の組み合わせ

　組み合わせによって声調のバリエーションが多くなります。低子音は短母音と組み合わせると、声調は高声となります。中子音や高子音の短母音との組み合わせとは違いますので、注意しましょう。

短母音 / 低子音	エ แ◌ะ ɛʔ	オ โ◌ะ oʔ	オ เ◌าะ ɔʔ	ウ เ◌อะ əʔ	中+短	高+短	低+短
コー・クワーイ ค khɔɔ khwaay	ケ แคะ khɛ́ʔ	コ โคะ khóʔ	コ เคาะ khɔ́ʔ	ク เคอะ khə́ʔ	カ กะ kàʔ	カ ขะ khàʔ	カ คะ kháʔ
チョー・チャーン ช chɔɔ cháaŋ	チェ แชะ chɛ́ʔ	チョ โชะ chóʔ	チョ เชาะ chɔ́ʔ	チュ เชอะ chə́ʔ	チェ แจะ cɛ̀ʔ	チェ แฉะ chɛ̀ʔ	チェ แชะ chɛ́ʔ
トー・タハーン ท thɔɔ thahǎan	テェ แทะ thɛ́ʔ	ト โทะ thóʔ	ト เทาะ thɔ́ʔ	トゥ เทอะ thə́ʔ	トゥ เตอะ tə̀ʔ	トゥ เถอะ thə̀ʔ	トゥ เทอะ thə́ʔ

低子音と長母音の組み合わせ

　頭子音としての低子音は長母音と組み合わせると、声調は平声になります。

長母音 / 低子音	アー ◌า aa	イー ◌ี ii	ウー ◌ือ ɯɯ	ウー ◌ู uu	中+長	高+長	低+長
ポー・パーン พ phɔɔ phaan	パー พา phaa	ピー พี phii	プー พือ phɯɯ	プー พู phuu	カー กา kaa	カー ขา khǎa	カー คา khaa
フォー・ファン ฟ fɔɔ fan	ファー ฟา faa	フィー ฟี fii	フー ฟือ fɯɯ	フー ฟู fuu	チャー จา caa	チャー ฉา chǎa	チャー ชา chaa
ホー・ノックフーク ฮ hɔɔ nók-hûuk	ハー ฮา haa	ヒー ฮี hii	フー ฮือ hɯɯ	フー ฮู huu	ター ตา taa	ター ถา thǎa	ター ทา thaa

短母音 低子音	エ แะ ɛʔ	オ โะ oʔ	オ เาะ ɔʔ	ウ เอะ əʔ
コー ค +... khɔɔ	แคะ	โคะ	เคาะ	เคอะ
ソー ซ +... sɔɔ	แซะ	โซะ	เซาะ	เซอะ
トー ฌ +... cchɔɔ	แฌะ	โฌะ	เฌาะ	เฌอะ

長母音 低子音	アー า aa	イー ี ii	ウー ือ ɯɯ	ウー ู uu
コー ค +... khɔɔ	คา	คี	คือ	คู
ポー พ +... phɔɔ	พา	พี	พือ	พู
ホー ฮ +... hɔɔ	ฮา	ฮี	ฮือ	ฮู

レッスン 10

単独字 低子音 ②

単独字

　高子音字に対応せず、独立している低子音字を単独字といいます。低音字には単独字と呼ばれる文字が10字あります。

発音	文字	発音の仕方
ŋ	ゴー・グー **ง**อ ŋɔɔ ŋuu	日本語の「ガ」に近いですが、「ン」の音が先に出るような感覚で発音します。中子音の「ก」(kɔɔ kày)とは違う発音なので、注意しましょう。
y	ヨー・イン **ญ**อ yɔɔ yǐŋ	日本語の「ヤ」の「y」と同じ発音です。
n	ノー・ネーン **ณ**อ nɔɔ neen	日本語の「ナ」の「n」と同じ発音です。使用頻度が低い文字です。
n	ノー・ヌー **น**อ nɔɔ nǔu	日本語の「ナ」の「n」と同じ発音です。
m	モー・マー **ม**อ mɔɔ máa	日本語の「マ」の「m」と同じ発音です。
y	ヨー・ヤック **ย**อ yɔɔ yák	日本語の「ヤ」の「y」と同じ発音です。「ญ」(yɔɔ yǐŋ)と同じ発音です。
r	ロー・ルーア **ร**อ rɔɔ rɯa	日本語の「ラ」の「r」に近いですが、それより強く舌を震わせながら発音します。巻き舌の発音です。
l	ロー・リン **ล**อ lɔɔ liŋ	英語の「l」に近い発音です。または日本語の柔らかい「ラ行」のイメージで、舌を上の位置からゆっくり下に降ろしながら発音します。
w	ウォー・ウェーン **ว**อ wɔɔ wɛ̌ɛŋ	日本語の「ワ」の「w」と同じ発音です。
l	ロー・チュラー **ฬ**อ lɔɔ culaa	「ล」(lɔɔ liŋ)と同じ発音ですが、ほとんど使わない文字です。

28

書いてみよう 発音しながら書いてみましょう。文字のバランスにも注意してください。

ゴー・グー **งอ** งอ ŋɔɔ ŋuu		ヨー・イン **ญอ** ญอ yɔɔ yǐŋ	
ノー・ネーン **ณอ** ณอ nɔɔ neen		ノー・ヌー **นอ** นอ nɔɔ nǔu	
モー・マー **มอ** มอ mɔɔ máa		ヨー・ヤック **ยอ** ยอ yɔɔ yák	
ロー・ルーア **รอ** รอ rɔɔ rɯa		ロー・リン **ลอ** ลอ lɔɔ liŋ	
ウォー・ウェーン **วอ** วอ wɔɔ wɛ̌ɛŋ		ロー・チュラー **ฬอ** ฬอ lɔɔ culaa	

ミニ知識

ここまで3種類の子音をすべて学びました。低子音にも覚えるのに便利な文があります。対応字の文は、「金歯の男性の商売人は雲南省の象を買う」という意味です。

| ポー カー
พ่อ(ภ) ค้า(ฆ)
พ่อค้า
男性の商人
phɔ̂ɔ-kháa | ファン
ฟัน
歯
fan | トーン
ทอง(ฒ,ฑ,ธ)
金
thɔɔŋ | スー
ซื้อ
買う
sɯ́ɯ | チャーン
ช้าง(ฌ)
象
cháaŋ | ホー
ฮ่อ
雲南省出身
hɔ̂ɔ |

単独字の文は、「大きい蛇はモーリーローク寺院のそばに寝ている」という意味です。「モーリーローク寺院」は実際には存在しませんが、似たような名前を持っているお寺があります。

| グー
งู
蛇
ŋuu | ヤイ
ใหญ่
大きい
yài | ノーン
นอน
寝る
nɔɔn | ユー
อยู่
している
yùu | ナ
ณ
で
ná? | リム
ริม
端、ふち
rim | ワット
วัด
お寺
wát | モー リー ローク
โม ฬี โลก
โมฬีโลก
モーリーローク
moo lii lôok |

レッスン 11

単独字と母音の組み合わせ

低子音と短母音・長母音の組み合わせ

　低子音の単独字を母音と組み合わせた場合の音節の声調は、対応字と同じです。短母音と組み合わせると高声になり、長母音と組み合わせると平声になります。

母音 / 低子音	ア ◌ะ a?	アー ◌า aa	イ ◌ิ i?	イー ◌ี ii	ウ ◌ึ w?	ウー ◌ือ ww
ノー・ヌー น nɔɔ nǔu	ナ นะ ná?	ナー นา naa	ニ นิ ní?	ニー นี nii	ヌ นึ nw?	ヌー นือ nww
モー・マー ม mɔɔ máa	マ มะ má?	マー มา maa	ミ มิ mí?	ミー มี mii	ム มึ mw?	ムー มือ mww
ヨー・ヤック ย yɔɔ yák	ヤ ยะ yá?	ヤー ยา yaa	イ ยิ yí?	イー ยี yii	ユ ยึ yw?	ユー ยือ yww
ロー・ルーア ร rɔɔ rwa	ラ ระ rá?	ラー รา raa	リ ริ rí?	リー รี rii	ル รึ rw?	ルー รือ rww
ロー・リン ล lɔɔ liŋ	ラ ละ lá?	ラー ลา laa	リ ลิ lí?	リー ลี lii	ル ลึ lw?	ルー ลือ lww
ウォー・ウェーン ว wɔɔ wɛ̌ɛŋ	ワ วะ wá?	ワー วา waa	ウィ วิ wí?	ウィー วี wii	ウ วึ ww?	ウー วือ www

気をつけよう

　「ยิ」と「ยี」はカタカナ表記で「イ」と「イー」になりますが、タイ語では「yí?」と「yii」と発音します。「í?」と「yí?」、そして「ii」と「yii」は違う音です。例えば、「日本」のことは「yîipùn」と発音します。「îipun」にならないように意識しましょう。

レッスン10で学んだ単独字10字とも、同じようになります

母音 低子音	ア ะ aʔ	アー า aa	イ ิ iʔ	イー ี ii	ウ ึ ɯʔ	ウー ือ ɯɯ
ノー **น** nɔɔ	นะ	นา	นิ	นี	นึ	นือ
モー **ม** mɔɔ	มะ	มา	มิ	มี	มึ	มือ
ヨー **ย** yɔɔ	ยะ	ยา	ยิ	ยี	ยึ	ยือ

母音 低子音	ウ ุ uʔ	ウー ู uu	エ เะ eʔ	エー เ ee	エ แะ ɛʔ	エー แ ɛɛ
ロー **ร** rɔɔ	รุ	รู	เระ	เร	แระ	แร
ロー **ล** lɔɔ	ลุ	ลู	เละ	เล	และ	แล
ウォー **ว** wɔɔ	วุ	วู	เวะ	เว	แวะ	แว

子音のまとめ　音別の子音一覧

21音の子音

　ここまでですべてのタイ文字を学びましたが、子音は同じ音を表す文字があるため21音になります。子音には無気音と有気音があります。

　次の表で21音の音別に文字を確認しておきましょう。

順番	発音	中子音		高子音	低子音	
1	k	コー・カイ ก kɔɔ kày				
2	kh			コー・カイ ข khɔ̌ɔ khày	コー・クワーイ ค khɔɔ khwaay	コー・ラカン ฅ khɔɔ rakhaŋ
3	ŋ				ゴー・グー ง ŋɔɔ ŋuu	
4	c	チョー・チャーン จ cɔɔ caan				
5	ch			チョー・チン ฉ chɔ̌ɔ chìŋ	チョー・チャーン ช chɔɔ cháaŋ	チョー・チュー ฌ chɔɔ chəə
6	d	ドー・チャダー ฎ dɔɔ chadaa	ドー・デック ด dɔɔ dèk			
7	t	トー・パタック ฏ tɔɔ patàk	トー・タオ ต tɔɔ tàw			
8	th			トー・ターン ฐ thɔ̌ɔ thǎan　トー・トゥン ถ thɔ̌ɔ thǔŋ	トー・モントー ฑ thɔɔ monthoo　トー・プータオ ฒ thɔɔ phûu-thâw トー・タハーン ท thɔɔ thahǎan　トー・トン ธ thɔɔ thoŋ	

順番	発音	中子音	高子音	低子音	
9	n			ノー・ネーン **ณ** nɔɔ neen	ノー・ヌー **น** nɔɔ nǔun
10	b	ボー・バイマーイ **บ** bɔɔ baimáay			
11	p	ポー・プラー **ป** pɔɔ plaa			
12	ph		ポー・プン **ผ** phɔ̌ɔ phǔŋ	ポー・パーン **พ** phɔɔ phaan	ポー・サムパオ **ภ** phɔɔ sǎmphaw
13	f		フォー・ファー **ฝ** fɔ̌ɔ fǎa	フォー・ファン **ฟ** fɔɔ fan	
14	m			モー・マー **ม** mɔɔ máa	
15	y			ヨー・イン **ญ** yɔɔ yǐŋ	ヨー・ヤック **ย** yɔɔ yák
16	r			ロー・ルーア **ร** rɔɔ rɯa	
17	l			ロー・リン **ล** lɔɔ liŋ	ロー・チュラー **ฬ** lɔɔ culaa
18	w			ウォー・ウェーン **ว** wɔɔ wɛ̌ɛŋ	
19	s		ソー・サーラー **ศ** sɔ̌ɔ sǎalaa / ソー・ルースィー **ษ** sɔ̌ɔ rɯɯɯsǐi / ソー・スーア **ส** sɔ̌ɔ sǔa	ソー・ソー **ซ** sɔɔ sôo	
20	h		ホー・ヒープ **ห** hɔ̌ɔ hìip	ホー・ノックフーク **ฮ** hɔɔ nók-hûuk	
21	?	オー・アーン **อ** ʔɔɔ ʔàaŋ			

無気音と有気音

　子音には無気音と有気音があります。発音するときにほとんど息が出ないのは無気音で、比較的多く息が出るのは有気音です。日本人にはなかなか区別がつかないのですが、タイ語では、その微妙な違いが言葉の意味の違いに関わってきます。例えば、「taa」(目)と「thaa」(塗る)という単語はそれぞれ「ตา」と「ทา」と書きます。両方とも「ター」と発音してしまいがちですが、発音も文字も違うので意識する必要があります。

　次の表で無気音と有気音を比較して確認しましょう。

無気音			有気音		
k			kh		
กา	カー kaa	カラス	คา	カー khaa	くっついている
			ขา	カー khǎa	脚
c			ch		
จะ	チャ cà?	(する) つもり	ฉะ	チャ chà?	ののしる
			ชะ	チャ chá?	洗い流す
t			th		
ตา	ター taa	目、芽	ทา	ター thaa	塗る
ตี	ティー tii	叩く	ที	ティー thii	回
p			ph		
ปา	パー paa	投げる	พา	パー phaa	連れて(いく・くる)
			ผา	パー phǎa	崖

練習問題

次の呼び名に相当するタイ文字を書きましょう。

コー・カイ kɔɔ kày 鶏	ก		コー・クワーイ khɔɔ khwaay 水牛	ค	
ゴー・グー ŋɔɔ ŋuu 蛇	ง		チョー・チャーン cɔɔ caan 皿	จ	
チョー・チャーン chɔɔ cháaŋ 象	ช		ドー・デック dɔɔ dèk 子ども	ด	
トー・タオ tɔɔ tàw 亀	ต		トー・タハーン thɔɔ thahǎan 兵士	ท	
ノー・ヌー nɔɔ nǔu 鼠	น		ポー・プラー pɔɔ plaa 魚	ป	
ポー・パーン phɔɔ phaan 台座付皿	พ		フォー・ファン fɔɔ fan 歯	ฟ	
モー・マー mɔɔ máa 馬	ม		ソー・スーア sɔɔ sǔa 虎	ส	
オー・アーン ʔɔɔ ʔàaŋ たらい	อ		ホー・ノックフーク hɔɔ nók-hûuk 梟	ฮ	

ここまで短母音、長母音、そして子音をすべて学びました！

35

二重子音 <ruby>二重子音<rt>にじゅうしいん</rt></ruby> 頭子音の音を充実させる二重子音

2つの子音で 構成される頭子音

　2つの子音が並んでほぼ同時に発音されるものを二重子音といいます。組み合わせられる子音の数はそれほど多くなく、先に出てくる子音は7字、続く子音は3字です。これらの組み合わせ以外の2文字が使われる単語もありますが、それは疑似二重子音（レッスン20〜21参照）となり、読み方のルールは異なります。ここでは通常の二重子音を学びます。

　二重子音の単語は、それぞれの子音をはっきり分けず、最初の子音を発音して、すぐに次の子音を続けて発音します。子音の種類は先に出てくる子音の種類に属します。これらの文字は自由に組み合わせられるわけではなく、表のように組み合わせが限られています。

続く子音 / 先の子音	ロー・ルーア ร rɔɔ rɯa	ロー・リン ล lɔɔ liŋ	ウォー・ウェーン ว wɔɔ wɛ̌ɛn	単語の例
コー・カイ ก kɔɔ kày	コー・ロー กร kɔɔ rɔɔ	コー・ロー กล kɔɔ lɔɔ	コー・ウォー กว kɔɔ wɔɔ	กระ (krà?) そばかす กรู (kruu) 殺到する
コー・カイ ข khɔ̌ɔ khày	コー・ロー ขร khɔ̌ɔ rɔɔ	コー・ロー ขล khɔ̌ɔ lɔɔ	コー・ウォー ขว khɔ̌ɔ wɔɔ	ขรุขระ (khrù?khrà?) 凸凹した ขวา (khwǎa) 右
コー・クワーイ ค khɔɔ khwaay	コー・ロー คร khɔɔ rɔɔ	コー・ロー คล khɔɔ lɔɔ	コー・ウォー คว khɔɔ wɔɔ	ครู (khruu) 先生（小・中・高校の） คลุะ (khlá?) 混ぜ合わせる
トー・タオ ต tɔɔ tàw	トー・ロー ตร tɔɔ rɔɔ			ตรา (traa) 商標 ตรี (trii) 3　（文語）
ポー・プラー ป pɔɔ plaa	ポー・ロー ปร pɔɔ rɔɔ	ポー・ロー ปล pɔɔ lɔɔ		เปรอะ (prà?) 汚れた ปลา (plaa) 魚
ポー・プン ผ phɔ̌ɔ phûŋ		ポー・ロー ผล phɔ̌ɔ lɔɔ		ผลิ (phlì?) (芽が)出る เผลอ (phlɤ̌ɤ) うっかりする
ポー・パーン พ phɔɔ phaan	ポー・ロー พร phɔɔ rɔɔ	ポー・ロー พล phɔɔ lɔɔ		พระะ (phrá?) 僧侶 เพราะ (phrɔ́?) なぜなら

✏️ **書いてみよう** 発音しながら二重子音と母音を組み合わせて書いてみましょう。

文字	ア ◌ะ a?	アー ◌า aa	イ ◌ิ i?	イー ◌ี ii	ウ ◌ึ ɯ?	ウー ◌ือ ɯɯ
コー ロー **ก+ร...** kɔɔ rɔɔ	กระ	กรา	กริ	กรี	กรึ	กรือ
コー ロー **ข+ล...** khɔ̌ɔ lɔɔ	ขละ	ขลา	ขลิ	ขลี	ขลึ	ขลือ
コー ウォー **ค+ว...** khɔɔ wɔɔ	ควะ	ควา	ควิ	ควี	ควึ	ควือ

文字	ウ ◌ุ u?	ウー ◌ู uu	エ เ◌ะ e?	エー เ◌ ee	エ แ◌ะ ɛ?	エー แ◌ ɛɛ
トー ロー **ต+ร...** tɔɔ rɔɔ	ตรุ	ตรู	เตระ	เตร	แตระ	แตร
ポー ロー **ป+ล...** pɔɔ lɔɔ	ปลุ	ปลู	เปละ	เปล	แปละ	แปล
ポー ロー **พ+ร...** phɔɔ rɔɔ	พรุ	พรู	เพระ	เพร	แพระ	แพร

37

末子音と音節の種類　音節を締めくくる音

末子音

　ここまで「子音(頭子音)」と「母音」の組み合わせによる単純な音節を学んできましたが、ここでは「頭子音＋母音＋末子音」の音節と末子音について学びます。末子音とは音節を締めくくる子音のことです。例えば、「胡麻」という意味の「งา」(ŋaa)は、頭子音の「ง」(ŋɔɔ ŋuu)と母音の「◌า」(aa)を組み合わせた平声の音節です。これに子音の「น」(nɔɔ nǔu)をつけると、「งาน」(ŋaan)という「頭子音＋母音＋末子音」の音節になり、「仕事」という意味になります。

　末子音の発音は8種類あり、基本的に一番単純な文字を使います。例えば、末子音の「n」の場合は「น」(nɔɔ nǔu)が多く使われますが、パーリ語とサンスクリット語由来の単語の場合には他の文字がよく使われます。

末子音がある音節

　タイ語の音節は平音節と促音節に分類されます。末子音がなく長母音を使っている音節、あるいは短母音・長母音とも「ŋ」「m」「y」「w」「n」が末子音である音節は平音節になります。それに対して、発音するとき音節の最後に喉をやや強く閉じる音節、つまり末子音がなく短母音を使っている音節、あるいは「k」「t」「p」が末子音である音節は促音節になります。

平音節を作る末子音	
末子音	文字
ŋ	ゴー・グー **ง** ŋɔɔ ŋuu	例：กลาง (klaaŋ)真ん中 บาง (baaŋ)薄い คาง (khaaŋ)顎
m	モー・マー **ม** mɔɔ máa	例：จาม (caam)くしゃみをする ถาม (thǎam)尋ねる สาม (sǎam)3
y	ヨー・ヤック **ย** yɔɔ yák	例：ควาย (khwaay)水牛 สาย (sǎay)遅れる หาย (hǎay)消える
w	ウォー・ウェーン **ว** wɔɔ wɛ̌ɛn	例：กาว (kaaw)糊 คาว (khaaw)生臭い ราว (raaw)大体
n	ノー・ヌー **น** nɔɔ nǔu	例：จาน (caan)皿 บาน (baan)咲く ฐาน (thǎan)土台

末子音	文字		
n	ロー・ルーア **ร** rɔɔ rɯa	ロー・リン **ล** lɔɔ liŋ	ヨー・イン **ญ** yɔɔ yǐŋ
	ノー・ネーン **ณ** nɔɔ neen	ロー・チュラー **ฬ** lɔɔ culaa	例：บุญ (bun)徳 วาฬ (waan)鯨

促音節を作る末子音

末子音	文字		
k	コー・カイ **ก** kɔɔ kày		例：ตึก (tùk)建物 ปลูก (plùk)起こす พริก (phrík)唐辛子
	コー・カイ **ข** khɔ̌ɔ khày	コー・クワーイ **ค** khɔɔ khwaay	コー・ラカン **ฆ** khɔɔ rakhaŋ
	例：เมฆ (mêek)雲　โรค (rôok)病気　เลข (lêek)数字		
t	ドー・デック **ด** dɔɔ dèk		例：ปิด (pìt)閉める อืด (ʔùt)粘り強い ขุด (khùt)掘る
	チョー・チャーン **จ** cɔɔ caan	チョー・チャーン **ช** chɔɔ cháaŋ	ソー・ソー **ซ** sɔɔ sôo	チョー・チュー **ฌ** ※外来語のみ。 chɔɔ chəə
	ドー・チャダー **ฎ** dɔɔ chadaa	トー・パタック **ฏ** tɔɔ patàk	トー・ターン **ฐ** thɔ̌ɔ thǎan	トー・モントー **ฑ** thɔɔ monthoo
	トー・プータオ **ฒ** thɔɔ phûu-thâw	トー・タオ **ต** tɔɔ tàw	トー・トゥン **ถ** thɔ̌ɔ thǔŋ	トー・タハーン **ท** thɔɔ thahǎan
	トー・トン **ธ** thɔɔ thoŋ	ソー・サーラー **ศ** sɔ̌ɔ sǎalaa	ソー・ルースィー **ษ** sɔ̌ɔ rɯɯsǐi	ソー・スーア **ส** sɔ̌ɔ sǔa
	例：โกรธ (kròot)怒る　ตรวจ (trùat)確認する　รส (rót)味		
p	ボー・バイマーイ **บ** bɔɔ baimáay		例：ดิบ (dìp)生(のもの) ทึบ (thúp)密集した ยุบ (yúp)凹む
	ポー・プラー **ป** pɔɔ plaa	ポー・パーン **พ** phɔɔ phaan	フォー・ファン **ฟ** fɔɔ fan	ポー・サムパオ **ภ** phɔɔ sǎmphaw
	例：ลาภ (lâap)運　กราฟ (kráap)グラフ　※外来語は声調規則(レッスン15)に従わないことが多いです。			

1．発音しながら次の平音節を書いてみましょう。

クラーン **กลาง** klaaŋ 真ん中	กลาง		
バーン **บาง** baaŋ 薄い	บาง		
クワーイ **ควาย** khwaay 水牛	ควาย		
サーイ **สาย** sǎay 遅れる	สาย		
ラーオ **ราว** raaw 大体	ราว		
チャーン **จาน** caan 皿	จาน		
バーン **บาน** baan 咲く	บาน		

発音のコツ ①

　日本人学習者にとって、末子音の「n」と「ŋ」を区別することは、なかなか難しいことです。「n」の場合は最後に小さく「ヌ」を、「ŋ」の場合は小さく「グ」をつけるようなイメージで、繰り返して発音してみましょう。

　例えば、「**บาน**」(baan)（咲く）と「**บาง**」(baaŋ)（薄い）、「**นาน**」(naan)（長い［時間］）と「**นาง**」(naaŋ)（既婚女性の名前の前につける呼び方）で練習してみましょう。

２．発音しながら次の促音節を書いてみましょう。

トゥック **ตึก** tùk 建物	ตึก		
プルック **ปลุก** plùk 起こす	ปลุก		
プリック **พริก** phrík 唐辛子	พริก		
ピット **ปิด** pìt 閉める	ปิด		
クット **ขุด** khùt 掘る	ขุด		
ディップ **ดิบ** dìp 生(のもの)	ดิบ		
トゥップ **ทึบ** thúp 密集した	ทึบ		

発音のコツ ②

　日本人学習者は、末子音の「k」と「t」を、それぞれ「ク」と「ト」で発音することが多い
です。しかし、タイ語では、最後に小さな音が漏れることがありません。音節を言い切って、
最後に音が漏れないように喉を閉じたまま飲み込むような意識をすれば、タイ語らしく聞こえ
ます。例えば、「พริก」は「phríku」ではなく、「phrík」です。

レッスン 15

声調記号と声調規則　声調記号は４つ
（せいちょうきごう と せいちょうきそく）

声調記号

タイ語には声調が５つありますが、平声には記号がありません。そのため、声調記号は低声、下声、高声、上声の４つです。子音と音節の種類がわかれば、声調がわかります。

	平声	低声	下声	高声	上声
		マイ・エーク	マイ・トー	マイ・トリー	マイ・チャッタワー
記号	記号なし	◌่ máy ʔèek	◌้ máy thoo	◌๊ máy trii	◌๋ máy càttawaa
付け方の例 （中子音・平音節）	อา ʔaa (アー)	อ่า ʔàa (アー)	อ้า ʔâa (アー)	อ๊า ʔáa (アー)	อ๋า ʔǎa (アー)

声調規則

頭子音または音節の種類によって、声調のトーンと声調記号が一致していないことがあります。声調のトーンと記号の順がすべて一致しているのは中子音の平音節だけです。他には表のような声調規則があります。

声調記号	なし			あり			
種類	平音節	促音節		平音節・促音節			
		短母音	長母音	◌่ máy ʔèek	◌้ máy thoo	◌๊ máy trii	◌๋ máy càttawaa
中子音	平声	低声 `		低声 `	下声 ^	高声 ´	上声 ˅
高子音	上声 ˅	低声 `		低声 `	下声 ^		
低子音	平声	高声 ´	下声 ^	下声 ^	高声 ´		

42

✏️ **書いてみよう** 声調記号を付けて次の音節を書いてみましょう。発音に注意してください。

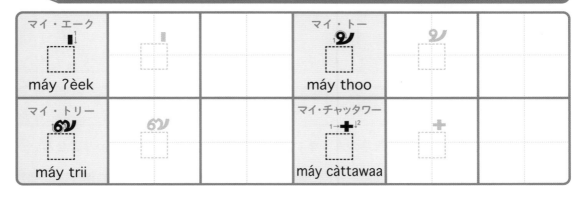

マイ・エーク			マイ・トー	
máy ʔèek			máy thoo	
マイ・トリー			マイ・チャッタワー	
máy trii			máy càttawaa	

トー โต too	โต	โต่	โต้	โต๊	โต๋
チャーン จาง caaŋ	จาง	จ่าง	จ้าง	จ๊าง	จ๋าง

ドゥー カーオ ดูข่าว duu khàaw ニュースを見る (ดู 見る、ข่าว ニュース)	ดูข่าว	キン カーオ กินข้าว kin khâaw ご飯を食べる (กิน 食べる、ข้าว ご飯)	กินข้าว
ト スーン โต๊ะสูง tó? sǔuŋ (背が)高いテーブル (โต๊ะ テーブル、สูง 高い)	โต๊ะสูง	パー ドゥ ป๋าดุ pǎa dù? パパは厳しい (ป๋า パパ、ดุ 厳しい)	ป๋าดุ

気をつけよう

例えば、低子音の「 พ」(phɔɔ phaan) の場合、「พี่」と書いて、「phîi」と発音されます。低声の記号「◌่」が付いていますが、声調は低声ではなく下声になります。声調のトーンと声調記号の不一致は紛らわしいので、子音の種類と声調規則を覚えておきましょう。

レッスン 16

母音字の変形　変形する母音字
（ぼ いん じ）

母音字と末子音の関係

末子音の影響で形が変わる母音字があります。単語の発音は規則のままで変わりません。

順番	短母音				長母音			
	母音	末子音なし	末子音あり	例	母音	末子音なし	末子音あり	例
1	aʔ	◌ะ (ア)	◌ั-	กับ(kàp)〜と ฝัน(fǎn)夢を見る	aa	◌า (アー)	—	—
2	iʔ	◌ิ (イ)	—	—	ii	◌ี (イー)	—	—
3	ɯʔ	◌ึ (ウ)	—	—	ɯɯ	◌ือ (ウー)	◌ื-	กลืน(klɯɯn)飲み込む ดื่ม(dùɯm)飲む
4	uʔ	◌ุ (ウ)	—	—	uu	◌ู (ウー)	—	—
5	eʔ	เ◌ะ (エ)	เ◌็-	เป็น(pen)〜である เย็น(yen)涼しい	ee	เ◌ (エー)	—	—
6	ɛʔ	แ◌ะ (エ)	แ◌็-	แข็ง(khěŋ)硬い แผล็บ(phlɛ̀p)あっという間に	ɛɛ	แ◌ (エー)	—	—
7	oʔ	โ◌ะ (オ)	---	คน(khon)人 ผม(phǒm)私(男)	oo	โ◌ (オー)	—	—
8	ɔʔ	เ◌าะ (オ)	◌็อ-	ช็อก(chɔ́k)ショックを受ける ล็อก(lɔ́k)施錠する	ɔɔ	◌อ (オー)	—	—
9	əʔ	เ◌อะ (ウ)			əə	เ◌อ (ウー)	เ◌ิ- / เ◌ย	เดิน(dəən)歩く เลย(ləəy)全然

変形のしくみ

子音＋母音	子音＋母音＋末子音

ก + ◌ะ = กะ kà?

ก + ◌ะ + บ = ~~กะบ~~ → กับ _{カップ} kàp

「◌ะ」は変形して、「◌ั」(máy hǎn ʔaakàat)になります。

ป + เ◌ะ = เปะ pè?

ป + เ◌ะ + น = ~~เปะน~~ → เป็น _{ペン} pen

「◌ะ」は消え、「◌็」(máy tàykhúu)を頭子音字の上に書きます。

ข + แ◌ะ = แขะ khɛ̀?

ข + แ◌ะ + ง = ~~แขะง~~ → แข็ง _{ケン} khɛ̌ŋ

「◌ะ」は消え、「◌็」(máy tàykhúu)を頭子音字の上に書きます。

ค + โ◌ะ = โคะ khó?

ค + โ◌ะ + น = ~~โคะน~~ → คน _{コン} khon

「โ◌ะ」は完全に消えます。

ล + เ◌าะ = เลาะ ló?

ล + เ◌าะ + ก = ~~เลาะก~~ → ล็อก _{ロック} lók

「เ◌าะ」は消え、その代わり、「◌็」(máy tàykhúu)と「◌อ」を書きます。長母音「◌อ」(ɔɔ)に見えますが、「◌็」が付いているので、発音は「ɔɔ」ではなく「ɔ?」です。

กล + ◌ือ = กลือ klɯɯ

กล + ◌ือ + น = ~~กลือน~~ → กลืน _{クルーン} klɯɯn

「อ」は消えます。二重子音の場合、2つ目の子音の上に「◌ื」を書きます。

ด + เ◌อ = เดอ dəə

ด + เ◌อ + น = ~~เดอน~~ → เดิน _{ドゥーン} dəən

「อ」は消え、頭子音字の上に「◌ิ」(i?)を書きます。「เงิน」(お金)は例外で「ŋən」(短音)と発音されます。

ล + เ◌อ = เลอ ləə

ล + เ◌อ + ย = ~~เลอย~~ → เลย _{ルーイ} ləəy

「เ◌อ」に「ย」が付いたら、「อ」は消え、頭子音字の上に「◌ิ」も書きません。

I 基本練習

1. 次の記号を書いてみましょう。呼び名も覚えましょう。

マイ・ハン　アーカート ◌ั máy hăn ʔaakàat	◌ั			
マイ・タイクー ◌็ máy tàykhúu	◌็			

2. 次の変形した母音を使っている単語を書いてみましょう。

ก + ◌ะ + บ = กับ　カップ kɔɔ　aʔ　bɔɔ　kàp 〜と	กับ			
ป + เ◌ะ + น = เป็น　ペン pɔɔ　eʔ　nɔɔ　pen 〜である	เป็น			
ข + แ◌ะ + ง = แข็ง　ケェン khɔ̌ɔ　ɛʔ　ŋɔɔ　khɛ̌ŋ 硬い	แข็ง			
ค + โ◌ะ + น = คน　コン khɔɔ　oʔ　nɔɔ　khon 人	คน			
ล + เ◌าะ + ก = ล็อก　ロック lɔɔ　ɔʔ　kɔɔ　lɔ́k 施錠する	ล็อก			
กล + ◌ือ + น = กลืน　クルーン kɔɔ-lɔɔ　ɯɯ　nɔɔ　klɯɯn 飲み込む	กลืน			

ドゥーン					
ด+เ◌อ+น＝เดิน dɔɔ　əə　nɔɔ　dəən 歩く	เดิน				
ล+เ◌อ+ย＝เลย　ルーイ lɔɔ　əə　yɔɔ　ləəy 全然	เลย				

II 応用練習

次の単語を書いてみましょう。

レックノーイ **เล็กน้อย** léknɔ́ɔy　少し	เล็กน้อย	
チョンチャン **ชนชั้น** chonchán　社会階級	ชนชั้น	
ウォップウェップ **ว็อบแว็บ** wɔ́pwɛ́p　ちらりと(見る)	ว็อบแว็บ	
クラーンクーン **กลางคืน** klaaŋkhɯɯn　夜	กลางคืน	
ラップチューン **รับเชิญ** rápchəən　招待を受ける	รับเชิญ	
ムーンチューイ **เมินเฉย** məənchə̌əy　無視する	เมินเฉย	

47

レッスン 17

複合母音 複合母音は３つ
（ふくごうぼいん）

単独の母音から成り立つ複合母音

　単独の母音の組み合わせで新しい母音になることがあります。これを複合母音と呼びます。タイ語には複合母音が３つあり長母音として扱われています。

発音記号	形と位置		元の母音	例
	末子音なし	末子音あり		
ia	イア เ◌ีย 左・上・右		ii＋aa	เสีย(sǐa)壊れる เรียก(rîak)呼ぶ
ɯa	ウア(ー ア) เ◌ือ 左・上・右		ɯɯ＋aa	เบื่อ(bɯ̀a)飽きる เพื่อน(phɯ̂an)友達
ua	ウア ◌ัว 上・右	ウア ー ว ー 中	uu＋aa	กลัว(klua)怖がる ชวน(chuan)誘う

> 末子音の影響で変形する複合母音字は「◌ัว」だけです。「◌ัว」の「◌ั」(máy hǎn ʔaakàat)は消えます。

複合母音の短い音は「異音」として扱う

　単独の母音は短母音と長母音があり、「短・長」のペアで考えられます。そのため、複合母音にも「短・長」のペアが存在すると思われてきました。しかし、音の長さによって意味が異なる単語のペアがないことから、長くても短くても同じ母音として考えてもよく、複合母音の短い音は母音として扱われないとしています。複合母音の比較的短い音は「異音」と呼ばれます。
　複合母音の「ia」「ɯa」「ua」には、擬音語・擬態語を除いて、「短・長」で両方とも意味が通じる単語のペアは存在しないので、それぞれ同じ母音、専門用語で言えば「音素」として扱われます。「ia」「ɯa」「ua」の短い音は母音としてはカウントされませんが、習慣でその短い音を表現するのに、原型に「◌ะ」をつけて、発音記号には「ʔ」をつけて書き表すことができます。典型的な例としては「เกียะ」(kíaʔ)（下駄）、や「ผัวะ」(phùaʔ)（叩く擬音語）などがあります。

1. 発音しながら、子音字と母音を組み合わせて書いてみましょう。

子音 ＼ 複合母音	イア เ◌ีย ia	ウア(ーア) เ◌ือ ɯa	ウア ◌ัว ua	ウアン(ノー) -วน uan
トー ต+… tɔɔ	ティア เตีย tia	トゥーア เตือ tɯa	トゥア ตัว tua	トゥアン ตวน tuan
ソー ส+… sɔɔ	スィア เสีย sǐa	スーア เสือ sɯ̌a	スア สัว sǔa	スアン สวน sǔan
モー ม+… mɔɔ	ミィア เมีย mia	ムーア เมือ mɯa	ムア มัว mua	ムアン มวน muan

2. 発音しながら、次の単語を書いてみましょう。

リィアック **เรียก** rîak　呼ぶ	เรียก			
プーアン **เพื่อน** phɯ̂an　友達	เพื่อน			
クルア **กลัว** klua　怖がる	กลัว			
チュアン **ชวน** chuan　誘う	ชวน			

レッスン 18

特殊音節
とくしゅおんせつ
母音に似ている特殊な音節

「aʔ」に「m」「y」「w」が付く音節

　タイ語の母音は単独母音（18種類）と複合母音（3種類）の合計で21種類ですが、これ以外に「aʔ」に子音「m」「y」「w」がくっつく音で母音によく似ている特殊音節が4つあります。以前は余剰母音と呼ばれていましたが、子音が付いているので、現在は母音として扱わなくなりました。

　「aʔ＋y」の構成の符号は2種類あることから、区別するため発音記号はそれぞれ「ay」と「ai」と書きますが、発音は同じです。

発音記号	形と位置	符号の書き方	構成	例
am	アム ำ 上・右	頭文字、あるいは二重子音の2つ目の文字の右上に、小さな丸「ิ」(níkkhahìt)を書き、次に「อา」を書きます。	◌ะ＋ม aʔ＋m	ดำ(dam)黒い ถ้ำ(thâm)洞窟
ay	アイ ไ◌ 左	頭文字の前に、「ไ」(máy malaay)を書きます。	◌ะ＋ย aʔ＋y	ไป(pay)行く ไล่(lây)追い出す
ai	アイ ใ◌ 左	頭文字の前に、「ใ」(máy múan)を書きます。	◌ะ＋ย aʔ＋i	ใจ(cai)心 ใส่(sài)着る
aw	アオ เ◌า 左・右	「เ◌」と「อา」の間に子音字を書きます。	◌ะ＋ว aʔ＋w	เอา(ʔaw)取る เรา(raw)私たち

書いてみよう　発音しながら書いてみましょう。バランスにも注意してください。

1．次の特殊音節を書いてみましょう。

アム ำ am	ำ		アイ(マイ・マラーイ) ไ ay (máy malaay)	ไ	
アイ(マイ・ムアン) ใ ai (máy múan)	ใ		アオ เา aw	เา	

2．次の特殊音節を含む単語を書いてみましょう。

ダム ดำ dam　黒い	ดำ		パイ ไป pay　行く	ไป	
チャイ ใจ cai　心	ใจ		アオ เอา ʔaw　取る	เอา	
ダーイ ได้ dâay　できる	ได้		タイ ไทย thay　タイ	ไทย	

気をつけよう

特殊音節を使う単語は平音節に属して、基本的に短く発音されますが、長母音として発音される例外的なものがいくつかあります。例えば、「น้ำ(水)ナーム」(náam)、「เท้า(足)ターオ」(tháaw)、「ได้(できる)ダーイ」(dâay)などです。

発音は変わりませんが、「ไ◯」に「ย」(ยɔɔ yák)ヨー・ヤックを付けて書く単語が若干あります。一番よく使われるのは「ไทย(タイ)タイ」(thay)です。また、タイ人は会話でよく「タイ」のことを「เมืองไทย」(mɯaŋムーアンタイ thay)と呼びます。「เมือง」(mɯaŋ)ムーアンは町という意味です。

軽音節と表記　綴りと発音のずれ
_{けいおんせつ}

二音節語・多音節語の軽声化

　音節が2つ以上並ぶと、各音節に強さの違いが生まれやすくなります。具体的には、1つの母音の長さ（強さ）を100％としたら、軽音節はその半分から7割ぐらいの感覚で発音されます。タイ文字では軽音節と通常の音節を区別するような書き表し方はありませんが、タイ人は無意識に軽音節を作って自然に発話します。

　このような軽声化によって声調が変わることがあるので、文字の表記と発音の間にずれが生じます。軽声化される音節には基本的に声門閉鎖を示す記号「ʔ」を書きません。また変化した声調は平声になることが多いです。

> （例）　**กะทิ**（ココナッツミルク）
> _{カティ}
> ○ kathíʔ　　× kàʔthíʔ

　「kàʔ」は軽声化されます。つまり「a」の後に喉を強く閉じず、少し開けたまますぐ「thíʔ」を発音します。声調変化も生じるので、「kàʔ」は「ka」になり、綴りと発音は一致しなくなります。独特な訛りや言葉を強調したい理由などがない限り、「kàʔthíʔ」と発音しません。

その他の軽声化の例

①語頭以外の「aʔ」や他の母音で軽声化と声調変化するもの

> **นาฬิกา**（時計）
> _{ナーリカー}
> ○ naalikaa　　× naalíʔkaa

> **ปัจจุบัน**（現在）
> _{パッチュバン}
> ○ pàtcuban　　× pàtcùʔban

② 声調が変わらない軽声化の例

> **นิสัย**（性格）
> _{ニサイ}
> ○ nísǎy　　× níʔsǎy

> **ทุเรียน**（ドリアン）
> _{トゥリィアン}
> ○ thúrian　　× thúʔrian

③ 軽声化されるが、声調を変更してもしなくても自然に聞こえる単語

> **ระฆัง**（鐘）
> _{ラカン}
> ○ rá-khaŋ　○ ra-khaŋ　× ráʔ-khaŋ

> **มะละกอ**（パパイヤ）
> _{マラコー}
> ○ málákɔɔ　○ malakɔɔ　× máʔláʔkɔɔ

カティ **กะทิ** kathíʔ ココナッツミルク	กะทิ		
タレー **ทะเล** thalee 海	ทะเล		
プラテート **ประเทศ** pra-thêet 国	ประเทศ		
ナーリカー **นาฬิกา** naalikaa 時計	นาฬิกา		
ラマットラワン **ระมัดระวัง** ramát-rawaŋ 注意を払う	ระมัดระวัง		
パッチュバン **ปัจจุบัน** pàtcuban 現在	ปัจจุบัน		
ニサイ **นิสัย** nísǎy 性格	นิสัย		
トゥリィアン **ทุเรียน** thúrian ドリアン	ทุเรียน		
マラコー **มะละกอ** málákɔɔ, malakɔɔ パパイヤ	มะละกอ		

レッスン 20

1_20

疑似二重子音① 文字通りに発音しない表記
ぎ じ に じゅう し いん

発音しない「ห〜」の疑似二重子音

　声調規則の制限（レッスン15参照）により、高子音字と低子音字はそれぞれでは5つの声調を書き表すことができませんが、高子音字と低子音字の声調を合わせれば、すべての声調を書き表せます。例えば、「kh」を表す高子音字「ข」(khɔ̌ɔ khày)には低子音の対応字「ค」(khɔɔ khwaay)があるので、高子音字だけで表現できない声調を補っています。
コー・カイ
コー・クワーイ

	khaaw	khàaw	khâaw	kháaw	khǎaw
低子音 （対応字）	カーオ **คาว** 生臭い	—	カーオ **ค่าว** 定型詩の一種	カーオ **ค้าว** ナマズ科の魚	—
高子音	—	カーオ **ข่าว** ニュース	カーオ **ข้าว** 米、ご飯	—	カーオ **ขาว** 白い

　一方、低子音の単独字はペアとなる高子音字がなく、5つの声調を書き表すことができません。そこですべての声調を表すのに高子音字「ห」(hɔ̌ɔ hìip)を使用します。「muu」を例にしてみます。低子音字「ม」(mɔɔ máa)を使うと「มู, - , มู่, มู้, -」しか書けません。抜けている箇所は「ห」で補い、すべての声調を表現します。「หม〜」は二重子音に見えますが、この「ห」は声調を補うために登場するだけで発音はしません。
ホー・ヒープ
モー・マー

	muu	mùu	mûu	múu	mǔu
低子音 （単独字）	ムー **มู** （意味なし）	—	ムー **มู่** （意味なし）	ムー **มู้** （意味なし）	—
「ห〜」	—	ムー **หมู่** 群、団体	ムー **หมู้** （意味なし）	—	ムー **หมู** 豚

他の例を見てみましょう。

ガオ
เหงา ŋǎw(寂しい)

ヤイ
ใหญ่ yài(大きい)

ナイ
ไหน nǎy(どの)

モーン
หมอน mɔ̌ɔn(枕)

発音しない「อ」と「ร」の疑似二重子音

「อย～」の単語は下記の4つしかありません。「อ」(ʔɔɔ ʔàaŋ) は発音されません。

ヤー	ユー	ヤーン	ヤーク
อย่า	อยู่	อย่าง	อยาก
yàa	yùu	yàaŋ	yàak
〜しないで	住む、〜している	〜のように、種類	〜したい

「อย่า(ヤー)」と「หย่า(ヤー)」は疑似二重子音を使っている語で、両方とも「yàa」と読みますが、同音異義語です。「อย่า(ヤー)」は「〜しないで」、「หย่า(ヤー)」は「離婚する」という意味です。

また「จ～」(cɔɔ caan)、「ซ～」(sɔɔ sôo)、「ศ～」(sɔ̌ɔ sǎalaa)、そして「ส～」(sɔ̌ɔ sǔa)に続く「ร～」(rɔɔ rɯa)は、ほとんど発音しません。

チン
จริง ciŋ(本当の)

サイ
ไซร้ sáy(そのように[文語])

セット
เสร็จ sèt(終わる)

サーン
สร้าง sâaŋ(建てる)

サオ
เศร้า sâw(悲しむ)

いくつかの単語を除いて、「ทร～」は基本的に「s」として発音します。

サープ
ทราบ sâap(知る)

サーイ
ทราย saay(砂)

「ทร～」は「th」と「r」に見えますが、「ทราบ」や「ทราย」は「thrâap」や「thraay」と読まず、それぞれ「sâap」や「saay」と読むので気をつけましょう。

レッスン 21

疑似二重子音② 頭文字に従う声調で読む
ぎじにじゅうしいん

第一子音字に従う声調変化がある疑似二重子音

　頭文字が2つ並ぶ単語では、それぞれ分けて順番に発音する単語があります。二重子音に見えますが、両文字は別々に発音されるので疑似二重子音となります。第一子音字に母音「a」を付けるような軽音節として発音し、次に来る音節の声調は第一子音字の声調規則に従います。

（例）**สยาม**（シャム［タイの旧国名］）
サヤーム
〇 sayǎam　×sayaam

　高子音字「ส」(sɔ̌ɔ sǔa) に「a」を付けて読みます。次に「ยาม」の声調を判断します。
ソー・スーア
「ย」の代わりに第一子音字「ส」を入れると、「สาม」(สยาม) になり、声調は上声で「sǎam」
ヨー・ヤック　　　　　　　　　　　　　　　　　　　　　　サーム　　ヤーム
と読みます。この「sǎam」に従って元の綴りを読むと、「ยาม」は「yaam」ではなく、「yǎam」
と読むことになります。つまり、高子音字「ส」は次に来る音節の声調を導きます。
　第一子音字に従う声調変化がある疑似二重子音には、基本的に次の2種類のパターンがあります。

高子音字に低子音の単独字が続く疑似二重子音

ゴー・グー **ง** ŋɔɔ ŋuu	ヨー・イン **ญ** yɔɔ yǐŋ	ノー・ネーン **ณ** nɔɔ neen	ノー・ヌー **น** nɔɔ nǔu	モー・マー **ม** mɔɔ máa
パガ **ผงะ** phaŋà? 急に立ちすくむ	パヤー **ผญา**※ phayǎa 知恵、格言（東北の方言）	カナ **ขณะ**※ khanà? 時点	カノム **ขนม** khanǒm お菓子	サムー **เสมอ** samǎə 常に
ヨー・ヤック **ย** yɔɔ yák	ロー・ルーア **ร** rɔɔ rɯa	ロー・リン **ล** lɔɔ liŋ	ウォー・ウェーン **ว** wɔɔ wɛ̌ɛn	
カヤン **ขยัน** khayǎn 勤勉な	ファラン **ฝรั่ง**※ faràŋ 白人	チャラート **ฉลาด** chalàat 賢明な	サワッディー **สวัสดี** sawàtdii 繁栄、幸福	

※「**สวัสดี**」(sawàtdii) はサンスクリット語由来の単語で、1943年に当時のピブーン首相がすすめて以来、現在も典型的なあいさつの言葉として広く使われています。
サワッディー

＊青色は高子音字と低子音の単独字です。　※はまれな組み合わせです。

56

中子音字に低子音の単独字が続く疑似二重子音

ゴー・グー	ノー・ネーン	ノー・ヌー	モー・マー	ロー・ルーア	ロー・リン	ウォー・ウェーン
ง	**ณ**	**น**	**ม**	**ร**	**ล**	**ว**
ŋɔɔ ŋuu	nɔɔ neen	nɔɔ nǔu	mɔɔ máa	rɔɔ rɯa	lɔɔ liŋ	wɔɔ wɛ̌ɛn

アグン	カーカヌック	カノック	チャムーク	アロイ	パラット	タワート
องุ่น	**กากณึก***	**กนก**	**จมูก**	**อร่อย**	**ปลัด**	**ตวาด**
ʔaŋùn	kaakanùk	kanòk	camùuk	ʔarɔ̀y	palàt	tawàat
葡萄	お金の最小単位 （文語）	金 （文語）	鼻	おいしい	副〜	怒鳴る

*青色は中子音字と低子音の単独字です。　※はまれな組み合わせです。

他のよく使う単語を見てみましょう。

タロック	タロート	タラート
ตลก	**ตลอด**	**ตลาด**
talòk　おかしい、滑稽な	talɔ̀ɔt　ずっと	talàat　市場

その他の組み合わせ

　他の組み合わせも可能ですが、読み方に複雑な規則はなく第二音節は第一子音字の影響を受けず、そのまま読みます。例えば、「高子音字＋中子音字」や「低子音字＋低子音字」などです。

サバーイ
สบาย（楽な、気分がいい）
○ sabaay　× sabǎay　（高子音字・中子音字）

ラハット
รหัส（コード）
○ rahàt　× rahát　（低子音字・高子音字）

サターニー
สถานี（駅）
sathǎanii　（高子音字・高子音字）

カナ
คณะ（集団、学部）
khaná?　（低子音字・低子音字）

　またパーリ語・サンスクリット語の借用語の影響や習慣により、例外的な読み方をする単語があります。規則通り読むと別の言葉のように聞こえる単語があるため、そのように読むことを避けるという説もあります。

サマーチック
สมาชิก（会員、メンバー）
○ sa-maa-chík　× sa-mǎa-chík

サマーティ
สมาธิ（集中力）
○ sa-maa-thí?　× sa-mǎa-thí?

「หมา（マー）」(mǎa)は「犬」という意味です。「สมาชิก」などの「มา」は「mǎa」と読むと、犬を連想させ、望ましくない響きになるので、平声で「maa」と読みます。ちなみに、「犬」のことは、よりていねいな言い方で「สุนัข」(sùnák)といいます。

書いてみよう

1．「ห」(hǒɔ hìip)・「อ」(ʔɔɔ ʔàaŋ) と低子音の単独字の組み合わせを書いてみましょう。

頭子音字	ゴー・グー 〜ง ŋɔɔ ŋuu	ヨー・イン 〜ญ yɔɔ yǐŋ	ノー・ヌー 〜น nɔɔ nǔu	モー・マー 〜ม mɔɔ máa
ホー・ヒープ ห hǒɔ hìip	ガオ เหงา ŋǎw 寂しい	ヤイ ใหญ่ yài 大きい	ナイ ไหน nǎy どの	モーン หมอน mɔ̌ɔn 枕
	เหงา	ใหญ่	ไหน	หมอน

頭子音字	ヨー・ヤック 〜ย yɔɔ yák			
オー・アーン อ ʔɔɔ ʔàaŋ	ヤー อย่า yàa 〜しないで	ユー อยู่ yùu 住む、〜している	ヤーン อย่าง yàaŋ 〜のように、種類	ヤーク อยาก yàak 〜したい
	อย่า	อยู่	อย่าง	อยาก

2．発音しながら、次の疑似二重子音の単語を書いてみましょう。

セット เสร็จ sèt 終わる	เสร็จ	
サープ ทราบ sâap 知る	ทราบ	

サゴップ **สงบ** saŋòp 平静な	สงบ		
サムー **เสมอ** samə̌ə 常に	เสมอ		
カヤン **ขยัน** khayǎn 勤勉な	ขยัน		
チャラート **ฉลาด** chalàat 賢明な	ฉลาด		
サワッディー **สวัสดี** sawàtdii 繁栄、幸福	สวัสดี		
アロイ **อร่อย** ʔarɔ̀y おいしい	อร่อย		
サマーチック **สมาชิก** samaachík 会員	สมาชิก		
サバーイ **สบาย** sabaay 気分がいい	สบาย		

基礎的なタイ文字の復習

基礎的な読み書きの力

各問に対する答えを選択肢から1つ選びましょう。

1.「ขวา」(khwǎa 右)と同じ声調で読む単語を1つ選びましょう。

① กา   ② เปรอะ   ③ ชา   ④ เหงา

2.「น้ำ」(náam 水)と同じ声調で読む単語を1つ選びましょう。

① เท้า   ② ข้าว   ③ ได้   ④ ถ้ำ

3. 1つだけ声調が異なる単語を選びましょう。

① ครู   ② เพราะ   ③ คละ   ④ พริก

4. 1つだけ声調が異なる単語を選びましょう。

① บ้าน   ② อ้า   ③ กลัว   ④ เพื่อน

5.「เลย」(ləəy 全然)と同じ母音が含まれている単語を1つ選びましょう。

① เป็น   ② เอา   ③ เล็ก   ④ เดิน

6.「โต๊ะ」(tó? テーブル)と同じ母音が含まれている単語を1つ選びましょう。

① โต   ② คน   ③ ล็อก   ④ เงิน

7. 発音に「ร」(rɔɔ rɯa)の音がある単語を1つ選びましょう。

① สร้าง   ② จริง   ③ หรือ   ④ เศร้า

8.「ปัจจุบัน」の「จ」と同じ子音として発音されるマーカー部を1つ選びましょう。

① บุญ   ② ประเทศ   ③ วาฬ   ④ จริง

9.「สมาชิก」のマーカー部の声調と同じ声調で発音する単語を1つ選びましょう。

① หมา   ② เรียก   ③ ไหน   ④ ชวน

書いてみよう

正確に書けるか確認しましょう。
発音記号と意味を参考にしながら、次の単語を完成させましょう。

パイ pay 行く	...ป	ไป	
ナーリカー naalikaa 時計	นา...กา	นาฬิกา	
サドゥアック sadùak 便利な	สะด...ก	สะดวก	
サーイ saay 砂	...าย	ทราย	
プラ phrá? 僧侶	...ะ	พระ	
サターニー sathǎanii 駅	ส...านี	สถานี	

解答

1. ④	①kaa カラス	②prà? 汚れた	③chaa お茶	④ŋǎw 寂しい
2. ①	①tháaw 足	②khâaw ご飯	③dâay できる	④thâm 洞窟
3. ①	①khruu 先生	②phró? なぜなら	③khlá? 混ぜ合わせる	④phrík 唐辛子
4. ③	①bâan 家	②?âa 開く	③klua 怖がる	④phûan 友達
5. ④	①pen 〜である	②?aw 取る	③lék 小さい	④dəən 歩く
6. ②	①too 大きな	②khon 人	③lók 施錠する	④ŋən お金
7. ③	①sâaŋ 建てる	②ciŋ 本当の	③rɯ̌ɯ 〜か(疑問詞)	④sâw 悲しむ
8. ②	①bun 徳	②prathêet 国	③waan 鯨	④ciŋ 本当の
9. ④	①mǎa 犬	②rîak 呼ぶ	③nǎy どの	④chuan 誘う

レッスン 23

よく使う記号 さまざまなニュアンスと綴りの補助

反復記号「ๆ」（マイ・ヤモック）

「ๆ」は「ยมก」(yamók)あるいは「ไม้ยมก」(máy yamók)といい、語やフレーズを繰り返し読むことを示す記号です。前後にある語と1文字分のスペースを空けて書きます。「ๆ」は複数を表したり、語の意味を強調あるいは曖昧化したりすることがあるので、どのようなニュアンスを表すか、どこまで繰り返すか、文脈で判断する必要があります。

デック デック **เด็ก ๆ** dèk dèk 子どもたち（複数）	トゥックワン トゥックワン **ทุกวัน ๆ** thúkwan thúkwan 毎日（強調）
ファン ディー ディー **ฟังดี ๆ** faŋ dii dii よく聞いて（強調）[ฟัง＝聞く、ดี＝よく]	スィー ダム ダム **สีดำ ๆ** sĭi dam dam 黒っぽい（曖昧化）

黙字記号「◌์」（マイ・タンタカート）

「◌์」は「ทัณฑฆาต」(thanthakhâat)あるいは「ไม้ทัณฑฆาต」(máy thanthakhâat)といい、文字の上に少し右寄りに付けます。この記号を付けると、その文字は発音されません。「◌์」が付いている文字は「การันต์」(kaaran)と呼ばれます。

アーチャーン **อาจารย์** ʔaacaan 先生	ピム **พิมพ์** phim （文字を）打つ	カム サップ **คำศัพท์** khamsàp 単語、語彙
ドゥーアン クンパーパン **เดือนกุมภาพันธ์** dɯan kumphaaphan 2月	ワンチャン **วันจันทร์** wan can 月曜日	

※曜日と月のまとめは、巻末付録p.159にあります。

「月曜日」は2文字のセットで黙字になっています。

書いてみよう

1. 次の記号を書いてみましょう。

マイ・ヤモック ๆ máy yamók 反復記号	ๆ		マイ・タンタカート ์ máy thanthakhâat 黙字記号	์	์

2. 読み方に注意しながら、次のフレーズと文を書いてみましょう。

プラテート ターン ターン **ประเทศต่าง ๆ** prathêet tàaŋ tàaŋ 諸国	ประเทศต่าง ๆ
ワンチャン ユット **วันจันทร์หยุด** Wancan yùt 月曜日に休む	วันจันทร์หยุด

ドゥーアン クンパーパン ナーオ **เดือนกุมภาพันธ์หนาว** Dwan kumphaaphan nǎaw. 2月は寒いです。	[หนาว (ナーオ) (nǎaw) = 寒い]

เดือนกุมภาพันธ์หนาว

デック デック チャム カムサップ ターン ターン **เด็ก ๆ จำคำศัพท์ต่าง ๆ** Dèk dèk cam khamsàp tàaŋ tàaŋ. 子どもたちはいろいろな単語を覚えます。	[จำ (チャム) (cam) = 覚える]

เด็ก ๆ จำคำศัพท์ต่าง ๆ

> ๆ の前後は1字ずつ空けて書きます。
> 書くときは、縦を長く下に伸ばすことも
> 意識しましょう。

レッスン 24

黙字 発音しない文字

黙字を含んでいる単語

黙字記号「◌̊」(thanthakhâat)が付いていなくても、発音しない文字があります。そのような単語でよく使うものを紹介します。

発音しない文字	単語の例		
疑似二重子音の「ร」	เสร็จ (セット)	sèt	終わる
二重子音の位置以外、語中に挟む「ร」	สามารถ (サーマート)	săamâat	できる
末子音に付く「ร」	บัตร (バット)	bàt	カード
	สมัคร (サマック)	samàk	申し込む
末子音「ท」に付く「ธ」	พุทธ (プット)	phút	仏
末子音に付く「◌̊」	ชาติ (チャート)	châat	国家
	ญาติ (ヤート)	yâat	親戚
	ภูมิ (プーム)	phuum	大地（文語）
末子音に付く「◌ุ」	ธาตุ (タート)	thâat	元素
	เหตุ (ヘート)	hèet	原因

「เกียรติ」（キィアット）は「名誉」という意味で、「ร」と「◌̊」は発音しないので、「kìat」と読みます。このように、発音しない文字が複数含まれることもあります。

セット **เสร็จ** sèt 終わる	เสร็จ	
ヤート **ญาติ** yâat 親戚	ญาติ	
プット **พุทธ** phút 仏	พุทธ	
クワーム サーマート **ความสามารถ** khwaamsǎamâat 能力	ความสามารถ	
バット クレーディット **บัตรเครดิต** bàt khreedìt クレジットカード	บัตรเครดิต	
バイ サマック **ใบสมัคร** baisamàk 願書	ใบสมัคร	
プレーン チャート **เพลงชาติ** phleeŋchâat 国歌	เพลงชาติ	
プーム ペェー **ภูมิแพ้** phuumphέε アレルギー	ภูมิแพ้	
ヘート カーン **เหตุการณ์** hèetkaan 出来事、状況	เหตุการณ์	

語中のアブギダ　母音を補って読む

「aʔ」が付く読み方

　母音字がないのに、子音字のみで子音と母音がセットになった読み方をするものがあります。これを「アブギダ」または「アルファシラバリー」といいます。特殊な文字ではなく、語中に余っているように見える文字があったら基本的にその文字に「aʔ」を付けて読むだけです。これらの音節は軽声化され平声になる傾向にあります。

単語	余って見える文字	読み方
トーラタット **โทรทัศน์** テレビ	ร (r)	thoo-ra-thát

頭子音に付く「ɔɔ」

　頭子音字に母音字がないのに、「ɔɔ」が付くような音節があります。一番多いのは「บ」(bɔɔ baimáay)で始まる単語です。

| チョーラケー
จระเข้
cɔɔra-khêe　ワニ | ボーリサット
บริษัท
bɔɔrisàt　会社 | ボーリカーン
บริการ
bɔɔrikaan　サービス | モーラドック
มรดก
mɔɔradòk　遺産、相続 |

※「ɔɔ」以外は、「aʔ」が付くような読み方が主流です。

「ɔɔn」と読む末子音「〜ร」を持つ音節

　母音字がなく2つの子音字がくっついている音節は、たいてい母音「oʔ」を使って読みますが、2つ目の子音字が「ร」(rɔɔ rɯa)の場合は「ɔɔ」になります。また「ร」は末子音として「n」に相当するので、「−ɔɔn」と読むようになります。

| ラ　コーン
ละคร
la-khɔɔn　ドラマ | チャラーチョーン
จราจร
caraacɔɔn　交通 |

カーカバート **กากบาท** kaakabàat 「×」の印	กากบาท		
トーラタット **โทรทัศน์** thoorathát テレビ	โทรทัศน์		
ウンハプーム **อุณหภูมิ** ʔunhaphuum 気温、温度	อุณหภูมิ		
トゥラキット **ธุรกิจ** thúrákìt ビジネス	ธุรกิจ		
チョーラケー **จระเข้** cɔɔra-khêe ワニ	จระเข้		
ボーリサット **บริษัท** bɔɔrisàt 会社	บริษัท		
ボーリカーン **บริการ** bɔɔrikaan サービス	บริการ		
チャラーチョーン **จราจร** caraacɔɔn 交通	จราจร		

再読文字　再読される文字
（さいどくもじ）

　多音節の単語では、語中に前の音節の末子音になりながら再読される文字があります。特殊な文字ではありませんが、特別な読み方として考えられます。特にパーリ語・サンスクリット語に由来する単語はこのような読み方をするものが多いです。これらの単語はたいてい再読される文字に母音の「aʔ」（軽声）を付けて読みます。

語	読み方	再読文字	解説
ソッカプロック **สกปรก** （不潔な、汚い）	sòk-ka-pròk	**ก** 「k」	「ก」は「**สก**」の末子音ですが、「aʔ」を付けて「kàʔ」と再読する対象です。軽声になり、「ka」と発音されます。
ポンラマーイ **ผลไม้** （果物）	phǒn-la-máay	**ล** 「l」	「ล」は「**ผล**」の末子音（「n」）ですが、「aʔ」を付けて「láʔ」と再読する対象です。軽声になり、「la」と発音されます。

再読のパターンはいくつかあります。よく使う単語を覚えておきましょう。

再読の特徴	単語	読み方	意味
1 文字再読	クンナパープ **คุณภาพ**	khun-na-phâap	品質
2 文字のセットで再読	チャックラヤーン **จักรยาน**	càk-kra-yaan	自転車
2 文字でそれぞれ再読	タッサナカティ **ทัศนคติ**	thát-sà-ná-khatìʔ	意見、態度
「aʔ」以外の再読 ※数は少ない	プラワッティサート **ประวัติศาสตร์**	prawàt-ti-sàat	歴史

　「**ประวัติ**」（経歴）は例外的な声調で、「prawát」ではなく、「prawàt」と読みます。複合語として、「**ติ**」を再読し、「prawàt-ti-sàat」と読みます。
（プラワット）

書いてみよう
再読される文字に注意しながら、次の単語と文を書きましょう。

ソッカプロック **สกปรก** sòkkapròk　不潔な、汚い	สกปรก	
チャックラヤーン **จักรยาน** càkkrayaan　自転車	จักรยาน	
タッサナカティ **ทัศนคติ** thátsanákhatì?　意見、態度	ทัศนคติ	

ポンラマーイ タイ クンナパープ ディー
ผลไม้ไทยคุณภาพดี
Phǒnlamáay thay khunnaphâap dii.
タイの果物は品質がいいです。

ผลไม้ไทยคุณภาพดี

プラワッティサート アユッタヤー ナーソンチャイ
ประวัติศาสตร์อยุธยาน่าสนใจ
Prawàttisàat ʔayútthayaa nâasǒncai.
アユタヤの歴史は興味深いです。〔น่าสนใจ (nâasǒncai) = 興味深い、面白い〕

ประวัติศาสตร์อยุธยาน่าสนใจ

「◌ ̊」(62ページ)が付いている青色の文字の
箇所は、2文字のセットで発音されません。

特殊な文字　特徴を学んで語彙力を高める

「รร」(rɔɔ hǎn)の綴りと読み方

「รร」(rɔɔ hǎn)というサンスクリット語由来の単語の書き方があります。「ร」(rɔɔ rɯa)を2回書くだけですが、読み方は「-an」か「-a-」になります。

บรร「b」+「-an」= ban　　ธรรม「th」+「-a-」+「m」= tham

「ฤ」(tua rúʔ)の読み方

「ฤ」(tua rúʔ)はサンスクリット語由来の文字で、辞書では「ร」(rɔɔ rɯa)の次に出てきます。語中での読み方は、「r」に「i」「ɯ」、あるいは「əə」が付いたような発音になります。日常的に「ฤ」を使う単語は多いです。

「ฤ」の発音	ri	rɯ	rəə
単語例	アンクリット อังกฤษ ʔaŋkrìt　イギリス	ルドゥー ฤดู rɯ́duu　季節	ルーク ฤกษ์ rɛ̂ək 吉祥時(運勢のよい時期) ※「rəə」の読み方をする唯一の単語

※「ฤ」に似ている「ฤๅ」(tua rɯɯ)があります。「ฤๅ」はたいてい文語で使われ、よく出てくるのは「ฤๅ(文末疑問詞)」と「ฤๅษี(仙人)」(rɯɯsǐi)です。

「ก็」(kɔ̂ɔ)の読み方

「ก็」は「kɔ̂ɔ」と読み、「～も」または接続詞の「それから」という意味を表します。子音字1文字に「◌็」(máy tàykhúu)を付けて読む単語は「ก็」のみです。

「ก็」の元の形は「เก้าะ」(kɔ̂)でした。

バンヤーカート **บรรยากาศ** banyaakàat　雰囲気	บรรยากาศ	
パンヤー（パンラヤー） **ภรรยา** phanyaa(phanrayaa)　妻、奥さん	ภรรยา	
タンマダー **ธรรมดา** thammadaa　普通	ธรรมดา	
ワッタナタム **วัฒนธรรม** wátthanátham　文化	วัฒนธรรม	
アンクリット **อังกฤษ** ʔaŋkrìt　イギリス	อังกฤษ	
ルドゥー ナーオ **ฤดูหนาว** rúduunǎaw　冬	ฤดูหนาว	
コー **ก็** kɔ̂ɔ　〜も、それから	ก็	

「ภรรยา」は規則の上では「phanyaa」と
読みますが、「phanrayaa」の読み方が普及
したので、現在両方使われています。

レッスン 28

数字と省略記号　覚えておくと便利な数字と略語

「0〜10」の数字

　タイではアラビア数字もタイの数字も両方使っていますが、特に公文書ではタイの数字を使うことになっています。ここで0から10までの発音と書き方を紹介します。文字と同様に丸から始めます。文中の数字は前後の文字から1文字分離して書きます。文字での書き方も併記しました。どちらの書き方でも読み方は同じです。

	0	1	2	3	4	5
読み方	スーン sǔun	ヌン nὺŋ	ソーン sɔ̌ɔŋ	サーム sǎam	スィー sìi	ハー hâa
数字	๐	๑	๒	๓	๔	๕
文字	ศูนย์	หนึ่ง	สอง	สาม	สี่	ห้า

	6	7	8	9	10
読み方	ホック hòk	チェット cèt	ペート pὲɛt	カーオ kâaw	スィップ sìp
数字	๖	๗	๘	๙	๑๐
文字	หก	เจ็ด	แปด	เก้า	สิบ

10より大きな数は第2章レッスン10で学びます。

省略記号

　長い単語を省略して書くとき、「จุด」(チュット)(cùt)または「มหัพภาค」(マハッブパーク)(mahàpphâak)と呼ばれる「 . 」か、「ไปยาลน้อย」(パイヤーン ノーイ)(payyaan nɔ́ɔy)と呼ばれる特別な記号「ๆ」を使います。正式な読み方としては完全語句を読みますが、便宜上、略語か短くなった単語だけを読んで「ๆ」を読まないことが多いです。

正式な読み方	略語、短くなった単語	意味
プッタサッカラート พุทธศักราช phútthasàkkaràat	ポー ソー พ.ศ. phɔɔ sɔ̌ɔ	仏歴
クルンテープ　マハーナコーン กรุงเทพมหานคร Kruŋthêep-mahǎanákhɔɔn	コートーモー　クルンテープ กทม./กรุงเทพฯ kɔɔ thɔɔ mɔɔ/Kruŋthêep	バンコク

ヌン			ソーン		
๑	๑		๒	๒	
nùŋ 1			sɔ̌ɔŋ 2		
サーム			スィー		
๓	๓		๔	๔	
sǎam 3			sìi 4		
ハー			ホック		
๕	๕		๖	๖	
hâa 5			hòk 6		
チェット			ペェート		
๗	๗		๘	๘	
cèt 7			pɛ̀ɛt 8		
カーオ			スィップ		
๙	๙		๑๐	๑๐	
kâaw 9			sìp 10		

プッタサッカラート		
พุทธศักราช	พุทธศักราช	
phútthasàkkaràat 仏歴		
ポー ソー		
พ.ศ.	พ.ศ.	
phɔɔ sɔ̌ɔ 仏歴		
クルンテープ マハーナコーン	
กรุงเทพมหานคร	กรุงเทพมหานคร
Kruŋthêep-mahǎanákhɔɔn バンコク	
クルンテープ	
กรุงเทพฯ	กรุงเทพฯ
Kruŋthêep バンコク	

タイ語の代表的な不規則発音

よく使う不規則発音の単語

　軽声化される音節以外に、綴りと発音が一致していない単語があります。まったく同じ綴りでも前後の単語や使われる意味などによって発音が違う単語があるので覚える必要があります。そうした単語でよく使うものをいくつか取り上げます。

声調が変化する単語

カオ เขา	kháw(khǎw) 彼	ディチャン ดิฉัน	dichán(dì?-chǎn) 私(女性)
ナンスー หนังสือ	náŋsɯ̌ɯ(nǎŋsɯ̌ɯ) 本	マイ ไหม	máy(mǎy) 文末疑問詞

短母音字を長く発音する単語

チャーオ เช้า	cháaw(cháw) 朝	ダーイ ได้	dâay(dây) 手に入る、できる
カーオ เก้า	kâaw(kâw) 9	ナーム น้ำ	náam(nám) 水

※「น้ำ〜」といった複合語の場合は「nám」と短く発音します。
※椅子という意味の「เก้าอี้」（カオイー）は「kâw-?îi」と短く発音します。

長母音字を短く発音する単語

テェオ แถว	thɛ̌w(thɛ̌ɛw) 辺り	ホイ หอย	hɔ̌y(hɔ̌ɔy) 貝

　他にも長母音を使っている単語で、文中に入ると自然に短く発音する語があります。また声調記号「◌่」（マイ・エーク）(máy ?èek)が付いた長母音の単語は短く発音する場合が多いです。

チェン เช่น	chên(chêen) 例えば	ボイ บ่อย	bɔ̀y(bɔ̀ɔy) よく(〜する)
ベェン แบ่ง	bɛ̀ŋ(bɛ̀ɛŋ) 分ける	タン ท่าน	thân(thâan) あなた様 (二人称の丁寧な表現)

ディチャン **ดิฉัน** dichán 私（女性）	ดิฉัน		
ムーア チャーオ **เมื่อเช้า** mûa cháaw 今朝	เมื่อเช้า		
ナーム **น้ำ** náam 水	น้ำ		
メーナーム **แม่น้ำ** mêɛ náam 川	แม่น้ำ		
ナムソム **น้ำส้ม** námsôm オレンジジュース	น้ำส้ม		
テェオニー **แถวนี้** thěw níi この辺り	แถวนี้		
チェン **เช่น** chên 例えば	เช่น		
ボイ **บ่อย** bɔ̀y よく（～する）	บ่อย		
ベェン **แบ่ง** bɛ̀ŋ 分ける	แบ่ง		

レッスン 30

借用語の綴りと発音 英語と日本語由来の借用語
しゃくようご　　つづ

タイ語の中の借用語

　情報化時代にともなって借用語をよく見かけるようになりました。他の言語から取り入れられた借用語に関しては、定着した一部の単語を除いて、原則として借用語には声調記号を付けません。それによって綴りと発音が一致しない単語がたくさん生まれます。ここでは英語と日本語の借用語の基本的な概念だけを紹介します。

英語の借用語

　英語由来の借用語が一番多く見られます。タイ語で書くとき、タイ語らしくない音が黙音になり発音されないので、「◌̊」(thanthakhâat)を頻繁に使います。読み方に関して、綴りの通り発音しない外来語が多いです。また、発音が 2 つ以上可能な語も存在しています。

テェックスィー	コムピウトゥー	テックノーローイー
แท็กซี่※	**คอมพิวเตอร์**	**เทคโนโลยี**
théksîi	khɔmphíwtɤ̂ɤ	théknoolooyii / théknoolooyîi
タクシー（英：taxi）	コンピューター（英：computer）	技術（英：technology）
	（×khɔɔmpiwtɤɤ）	（×thêeknoolooyii）

※この綴りは昔定着した書き方なので、現在も「◌̊」を付けたまま書くことになっています。

日本語の借用語

　母音「a」「u」「e」を使っている音節は、語末でなければ基本的に長母音で書きます。

ター ナー カ	チン チュー ク
ทานากะ	**ชินจุกุ**
Thaanaakà?	Chincuukù?
Tanaka（田中）	Shinjuku（新宿）
（×ทานากา, ทะนะกะ）	

　「東京」や「京都」などの昔から定着している綴りのほか、最近では固有名詞や文化に関する単語もよく使われます。「ラーメン」や、タイ語の発音が 2 つある「漫画」などがその代表です。

トーキィァオ	キィァオ トー	マン ガ
โตเกียว	**เกียวโต**	**มังงะ**
Tookiaw	Kiawtoo	maŋŋà? / maŋŋá?
Tōkyō（東京）	Kyōtō（京都）	manga（漫画）

書いてみよう
発音しながら書いてみましょう。バランスにも注意してください。

1. 綴りと発音に注意しながら、次の英語の借用語を書いてみましょう。

チョッピング **ชอปปิง** chɔ́ppîŋ ショッピング	ชอปปิง	
コムピウトゥー **คอมพิวเตอร์** khɔmphíwtêə コンピューター	คอมพิวเตอร์	
イーメーオ **อีเมล** ʔii-meew(l) Eメール	อีเมล	
テックノーローイー **เทคโนโลยี** théknoolooyii / théknoolooyîi 技術	เทคโนโลยี	

2. 綴りと発音に注意しながら、次の日本語の借用語を書いてみましょう。

クン ターナーカ **คุณทานากะ** khun Thaanaakàʔ 田中さん	คุณทานากะ	
ラーメン **ราเม็ง** raameŋ ラーメン	ราเม็ง	
マンガ **มังงะ** maŋŋàʔ / maŋŋáʔ 漫画	มังงะ	

気をつけよう

英語の「l」で終わる単語から来た借用語は、タイ語として「w」(ウ)に近い音で発音することが多いです。例えば、「**อีเมล**(Eメール)」(ʔii-meew(l))や「**เซล**(セール)」(seew(l))などがあります。

タイ文字をきれいに書くには？

手書きでタイ語を書くときは、文字のバランスを取ること以外に、
より読みやすく、きれいな文字にするためのポイントがあります。

1 きれいに「頭」を作ります。

　まず「หัว」(hǔa)、つまり「頭」と呼ばれる部分をていねいに書きます。頭とは「丸」
の部分を指します。44 字の子音字の中で、「丸」がない文字は、「ก」(kɔɔ kày) と「ธ」
(thɔɔ thoŋ) で、それ以外にはすべて「丸」が付いています。「○」の形をなるべく保ち、
書き始めます。また非常に似ている文字があるので、頭の向きに注意する必要があります。

コー・クワーイ

khɔɔ khwaay

ドー・デック

dɔɔ dèk

2 文字中の「○」と「くぼみ」を はっきり見えるように書きます。

　文字を書く途中で、「○」や「くぼみ」を作る箇所が出てくる文字があります。「○」
と「くぼみ」の形がはっきりと見える必要がありますが、「○」は完全な丸の形を書こう
とする必要はありません。

ノー・ヌー

nɔɔ nǔu

ヨー・ヤック

yɔɔ yák

③ 罫線があるように意識しながら 線を超えた部分を書きます。

罫線の間隔を超えて書く部分（しっぽ）を持つ文字があります。現在の書体によって多少異なって見える場合もありますが、通常、線を超えた部分は罫線の間隔の半分ほどで書きます。

ボー・バイマーイ	ポー・プラー	ポー・プン	フォー・ファー
bɔɔ baimáay	pɔɔ plaa	phɔ̌ɔ phǔŋ	fɔ̌ɔ fǎa

④ 母音字の位置などを意識しながら書きます。

子音字の上に書く母音字「◌ิ」(iʔ)、「◌ี」(ii)、「◌ึ」(ɯʔ)、そして「◌ื」(ɯɯ) の幅は基本的に子音字の横幅と同じです。「ป」(pɔɔ plaa) のようにしっぽが長い文字の上に書く場合、少し左寄りに書きます。他の母音と声調記号は基本的に右寄りに書きます。

イ	イー	ウ	ウー
iʔ	ii	ɯʔ	ɯɯ

プーン pɯɯn 銃

ドゥー duu 見る

ワンニー wanníi 今日

練習問題

第1章で学んだ
タイの文字を復習しましょう。

1 音声を聞いて、発音された文字を選びましょう。　　　（ヒント➡ p.15）

①	❶ ด	❷ ต	❸ ค	❹ ศ
②	❶ ล	❷ ฉ	❸ ส	❹ อ
③	❶ ฎ	❷ ฐ	❸ ฏ	❹ ญ
④	❶ ผ	❷ ฝ	❸ พ	❹ ฟ

2 音声を聞いて、発音された単語を選びましょう。

①	❶ ถึง	❷ ถุง	「ɯ」と「u」の違い。　（ヒント➡ p.10）
②	❶ ไก่	❷ ไข่	無気音と有気音の違い。　（ヒント⇒ p.34）
③	❶ หนา	❷ หนาว	末子音の聞き取り。　（ヒント⇒ p.38）
④	❶ บาน	❷ บาง	区別しにくい末子音の聞き分け。 （ヒント⇒ p.40）
⑤	❶ วัด	❷ หวัด	疑似二重子音と声調の規則。 （ヒント⇒ p.54）
⑥	❶ ลม	❷ ร่ม	似ている子音の聞き分け。（ヒント⇒ p.15）

3 末子音の音が違う単語を1つ選びましょう。 (ヒント➡ p.38-39)

①	❶ญาติ	❷ถาม	❸พิมพ์
②	❶โกรธ	❷รส	❸พริก
③	❶บุญ	❷รถ	❸ฐาน

4 次の複合語は変形した母音字を使っている語（下線部）が含まれています。発音に注意しながら書いてみましょう。 (ヒント➡ p.44-45)

	カップカーオ		
①	<u>กับข้าว</u> kàpkhâaw	กับข้าว	（おかず）
②	ケェンレェーン <u>แข็งแรง</u> khěŋrɛɛŋ	แข็งแรง	（元気な）
③	ドゥーンレン <u>เดินเล่น</u> dəənlên	เดินเล่น	（散歩する）
④	チャンワット・ルーイ <u>จังหวัดเลย</u> caŋwàt ləəy	จังหวัดเลย	（ルーイ県）
⑤	グンソット <u>เงินสด</u> ŋənsòt	เงินสด	（現金）

1 ①❷ ②❶ ③❹ ④❷

似ている文字の違いがわかるように文字の名称を覚えながら書き方を復習しましょう。

① ❶ **ด** ドー・デック
dɔɔ dèk

❷ **ต** トー・タオ
tɔɔ tàw

❸ **ค** コー・クワーイ
khɔɔ khwaay

❹ **ศ** ソー・サーラー
sɔ̌ɔ sǎalaa

② ❶ **ล** ロー・リン
lɔɔ liŋ

❷ **ฉ** チョー・チン
chɔ̌ɔ chìŋ

❸ **ส** ソー・スーア
sɔ̌ɔ sǔa

❹ **อ** オー・アーン
ʔɔɔ ʔàaŋ

③ ❶ **ฎ** ドー・チャダー
dɔɔ chadaa

❷ **ฐ** トー・ターン
thɔ̌ɔ thǎan

❸ **ฏ** トー・パタック
tɔɔ patàk

❹ **ญ** ヨー・イン
yɔɔ yǐŋ

④ ❶ **ผ** ポー・プン
phɔ̌ɔ phʉ̂ŋ

❷ **ฝ** フォー・ファー
fɔ̌ɔ fǎa

❸ **พ** ポー・パーン
phɔɔ phaan

❹ **ฟ** フォー・ファン
fɔɔ fan

2 ①❷ ②❶ ③❶ ④❷ ⑤❶ ⑥❷

混同しやすい音に注意して聞き分けられるように練習しましょう。

① ❶ **ถึง** トゥン（まで）
thʉ̌ŋ

❷ **ถุง** トゥン（袋）
thǔŋ

④ ❶ **บาน** バーン（咲く）
baan

❷ **บาง** バーン（薄い）
baaŋ

② ❶ **ไก่** カイ（鶏）
kày

❷ **ไข่** カイ（卵）
khày

⑤ ❶ **วัด** ワット（お寺）
wát

❷ **หวัด** ワット（風邪）
wàt

③ ❶ **หนา** ナー（厚い）
nǎa

❷ **หนาว** ナーオ（寒い）
nǎaw

⑥ ❶ **ลม** ロム（風）
lom

❷ **ร่ม** ロム（傘）
rôm

3 ①❶ ②❸ ③❷

同じ末子音を表す文字が複数あります。

① ❶ 「ญาติ」（yâat 親戚）の末子音は「t」です。「ถาม」（thǎam 尋ねる）と
「พิมพ์」（phim [文字]を打つ）の末子音は「m」です。「พ์」は発音されません。

② ❸ 「พริก」（phrík 唐辛子）の末子音は「k」です。
「โกรธ」（kròot 怒る）と「รส」（rót 味）の末子音は「t」です。

③ ❷ 「รถ」（rót 車）の末子音は「t」です。「บุญ」（bun 徳）と「ฐาน」（thǎan 土台）の末子音は「n」です。

4 解答は省略。

第2章

タイ語 の 文法

文の構造① 正確に単語を並べる

タイ語の語順

タイ語には日本語のような助詞の概念がなく、基本的に単語をそのまま並べていけば文が成立します。タイ語の語順は「主語＋述語」になります。目的語があった場合、述語に続きます。

主語	述語
ポム	ドゥーン
ผม	**เดิน**
Phǒm	dəən.
私(男)	歩く

私は歩きます。

「私」「歩く」と並べます。

主語	述語
アーハーン タイ	アロイ
อาหารไทย	**อร่อย**
?aahǎan thay	?arɔ̀y.
タイ料理	おいしい

タイ料理はおいしいです。

タイ語には文の終わりを示す句点の「.」がありますが、現在ほとんど使われていません。

語と語の間には、スペースを空けません。

主語	述語	目的語
ディチャン	キン	カーオ
ดิฉัน	**กิน**	**ข้าว**
Dichán	kin	khâaw.
私(女)	食べる	ご飯

私はご飯を食べます。

主語	述語	目的語
アーチャーン	アーン	ナンスー
อาจารย์	**อ่าน**	**หนังสือ**
?aacaan	?àan	náŋsɯ̌ɯ.
先生	読む	本

先生は本を読みます。

文と文の間や羅列されている単語あるいは句の間にスペースを空けます。

私は歩きます。
ポ ム ドゥーン
Phǒm dəən.

ผมเดิน

ผมเดิน

タイ料理はおいしいです。
アーハーン タイ アロイ
?aahǎan thay ?arɔ̀y.

อาหารไทยอร่อย

อาหารไทยอร่อย

私はご飯を食べます。先生は本を読みます。
ディチャン キン カーオ アーチャーン アーン ナンスー
Dichán kin khâaw ?aacaan ?àan náŋsʉ̌ɯ.

ดิฉันกินข้าว อาจารย์อ่านหนังสือ

ดิฉันกินข้าว อาจารย์อ่านหนังสือ

先生は歩いて、ご飯を食べて、本を読みます。
アーチャーン ドゥーン キン カーオ アーン ナンスー
?aacaan dəən kin khâaw ?àan náŋsʉ̌ɯ.

อาจารย์เดิน กินข้าว อ่านหนังสือ

อาจารย์เดิน กินข้าว อ่านหนังสือ

文の構造 ② 主題のあと 重要な情報を伝える

主題に続く文

タイ語の基本的な構造は「主語 + 述語」ですが、より詳しい情報を伝えたり、話題を強調したりするとき、先に「主題」を示してから文を始める構造があります。

主題	主語	述語
カオ	ラーイムー	スアイ
เขา	ลายมือ	สวย
Kháw	laaymɯɯ	sǔay.
彼	字	きれいだ

彼は字がきれいです。

主題	主語	述語
パーサータイ	ワンナユック	ヤーク
ภาษาไทย	วรรณยุกต์	ยาก
Phaasǎathay	wannayúk	yâak.
タイ語	声調	難しい

タイ語は声調が難しいです。

「主題」+「文（主語 + 述語）」のようなパターンになります。

主題	主語	述語
プラテートタイ	サターンティー・トンティアオ	スアイ
ประเทศไทย	สถานที่ท่องเที่ยว	สวย
Prathêetthay	sathǎanthîi-thɔ̂ŋthîaw	sǔay.
タイ(国)	観光地	きれいだ

タイは観光地がきれいです。

代名詞	名詞	名詞
ディチャン	チュー	エーミ
ดิฉัน	ชื่อ	เอมิ
Dichán	chɯ̂ɯ	ʔeemíʔ.
私	名前	エミ

私の名前はエミです。

動詞も形容詞もなく、代名詞・名詞と名詞句の組み合わせだけで文が成立することがあります。後ろの名詞は前の名詞の説明や属性などを表すことが多くなっています。

書いてみよう

語順に注意しながら、次の文を書いてみましょう。

彼は字がきれいです。

カ オ	ラーイムー	スアイ
Kháw	laaymɯɯ	sǔay.

เขาลายมือสวย

เขาลายมือสวย

私の名前はエミです。

ディチャン	チュー	エーミ
Dichán	chɯ̂ɯ	ʔeemíʔ.

ดิฉันชื่อเอมิ

ดิฉันชื่อเอมิ

タイ語は声調が難しいです。

パーサータイ	ワンナユック	ヤーク
Phaasǎathay	wannayúk	yâak.

ภาษาไทยวรรณยุกต์ยาก

ภาษาไทยวรรณยุกต์ยาก

タイは観光地がきれいです。

プラテートタイ	サターンティー・トンティアオ	スアイ
Prathêetthay	sathǎanthîi-thɔ̂ŋthîaw	sǔay.

ประเทศไทยสถานที่ท่องเที่ยวสวย

ประเทศไทยสถานที่ท่องเที่ยวสวย

レッスン 3

修飾語の語順

追加の情報を表す語は
主要語の後

主要語と修飾語

　主要語とは単語の中で最も重要な意味を伝える語です。それに対して修飾語とは他の語をより詳しく説明する語です。タイ語では、**修飾語は基本的に主要語の後ろに置きます。**

後置修飾語

主要語	修飾語	修飾する特徴	修飾された語句
アーハーン อาหาร ʔaahǎan 料理	タイ ไทย thay タイ	説明や属性	アーハーン　タイ อาหารไทย ʔaahǎan thay タイ料理
プラトゥー ประตู pratuu ドア	アッタノーマット อัตโนมัติ ʔàttanoomát 自動		プラトゥー　アッタノーマット ประตูอัตโนมัติ pratuu ʔàttanoomát 自動ドア
クローブ　クルア ครอบครัว khrɔ̂ɔpkhrua 家族	コーン　クン ของคุณ khɔ̌ɔŋ khun あなたの	所有 コーン ของ (khɔ̌ɔŋ) = の	クローブ　クルア　　コーン　クン ครอบครัวของคุณ khrɔ̂ɔpkhrua khɔ̌ɔŋ khun あなたの家族
パイ ไป pay 行く	ボイ บ่อย bɔ̀y よく	程度	パイ　ボイ ไปบ่อย pay bɔ̀y よく行く
ディー ดี dii よい	チン　チン จริง ๆ ciŋ ciŋ 本当に		ディー　チン　チン ดีจริง ๆ dii ciŋ ciŋ 本当によい
ドゥーン เดิน dəən 歩く	チャー ช้า cháa ゆっくり	様子	ドゥーン　チャー เดินช้า dəən cháa ゆっくり歩く
プート พูด phûut 話す	レオ เร็ว rew 速く		プート　レオ พูดเร็ว phûut rew 速く話す

書いてみよう
語順に注意しながら、次の語句を書いてみましょう。

タイ料理
アーハーン ?aahǎan　　タイ thay

อาหารไทย

อาหารไทย

日本人
コン khon　　イーブン yîipùn

คนญี่ปุ่น

คนญี่ปุ่น

「ญี่ปุ่น」の「ญี่」の発音は「yîi」です。カタカナの「イー」や「ジー」にならないように気をつけましょう。

あなたの家族
クローブクルア khrɔ̂ɔpkhrua　　コーン khɔ̌ɔŋ　　クン khun

ครอบครัวของคุณ

ครอบครัวของคุณ

ゆっくり歩く
ドゥーン dəən　　チャー cháa

เดินช้า

เดินช้า

よく行く
パイ pay　　ボイ bɔ̀y

ไปบ่อย

ไปบ่อย

本当によい
ディーチン dii ciŋ　　チン ciŋ

ดีจริง ๆ

ดีจริง ๆ

速く話す
プート phûut　　レオ rew

พูดเร็ว

พูดเร็ว

レッスン 4

名詞述語文と形容詞述語文

名詞述語文と形容詞述語文の動詞

　述部の中で名詞・名詞句が主要な成分で重要な意味を伝えている文を名詞述語文、形容詞・形容詞句が述語となる文を形容詞述語文といいます。

名詞述語文　主語＋動詞「เป็น (pen)」(である)＋補語

　動詞「เป็น」(pen) (である)を主語の後に付けて作ります。補語は基本的に国籍、職業、関係、状態を表す言葉です。

主語	動詞	補語
ポム	ペン	コン　イープン
ผม	**เป็น**	**คนญี่ปุ่น**
Phǒm	pen	khon yîipun.
私(男)	～である	日本人

私(男)は日本人です。

> 「เป็น」は必ずしも必要とは限らず、名詞・代名詞と名詞の組み合わせだけで自然な文が成立することがあります(レッスン2参照)。

主語	動詞	補語
カオ	ペン	チャオコーン　ローンレーム　ヤイ
เขา	**เป็น**	**เจ้าของโรงแรมใหญ่**
Kháw	pen	câwkhɔ̌ɔŋ rooŋrɛɛm yài.
彼	～である	オーナー　大きなホテル

彼は大きなホテルのオーナーです。

形容詞述語文　主語＋形容詞

主語にそのまま形容詞を付けます。

主語	形容詞
ワンニー	ローン
วันนี้	**ร้อน**
Wanníi	rɔ́ɔn.
今日	暑い

今日は暑いです。

> วันนี้เป็นร้อนと「である」を入れてしまうと間違いです。

私(男)は日本人です。

ポム ペン コン イーブン
Phǒm pen khon yîipun.

ผมเป็นคนญี่ปุ่น

ผมเป็นคนญี่ปุ่น

私(女)は会社員です。

ディチャン ペン パナックガーン ボーリサット
Dichán pen phanák-ŋaan bɔɔrisàt.

ดิฉันเป็นพนักงานบริษัท

ดิฉันเป็นพนักงานบริษัท

彼は大きなホテルのオーナーです。

カオ ペン チャオコーン ローンレェーム ヤイ
Kháw pen câwkhɔ̌ŋ rooŋrɛɛm yài.

เขาเป็นเจ้าของโรงแรมใหญ่

เขาเป็นเจ้าของโรงแรมใหญ่

今日は暑いです。

ワンニー ローン
Wanníi rɔ́ɔn.

วันนี้ร้อน

วันนี้ร้อน

トムヤムクンは辛いです。

トムヤムクン ペット
Tômyamkûŋ phèt.

ต้มยำกุ้งเผ็ด

ต้มยำกุ้งเผ็ด

動詞述語文① 他動詞と目的語の組み合わせ

他動詞と目的語で表す動詞述語文

　動詞・動詞句が述語になっている文を動詞述語文といいます。タイ語では、動詞は活用形がなく、また主語がよく省略されるので、他動詞と目的語を並べて簡単にさまざまな動作を表すことができます。よく使う他動詞を紹介します。

他動詞	目的語		
キン **กิน** kin 食べる	カノム **ขนม** khanǒm お菓子	カーオ **ข้าว** khâaw ご飯	ヤー **ยา** yaa 薬
ドゥーム **ดื่ม** dùɯm 飲む	カーフェー **กาแฟ** kaafɛɛ コーヒー	ナムソム **น้ำส้ม** nám sôm オレンジジュース	ラオ **เหล้า** lâw お酒
プート **พูด** phûut 話す	パーサータイ **ภาษาไทย** phaasǎathay タイ語	パーサーアンクリット **ภาษาอังกฤษ** phaasǎaʔaŋkrìt 英語	パーサーチーン **ภาษาจีน** phaasǎaciin 中国語
キィアン **เขียน** khǐan 書く	ティーユー **ที่อยู่** thîiyùu 住所	コームーン **ข้อมูล** khɔ̂ɔmuun 情報、データ	チョットマーイ **จดหมาย** còtmǎay 手紙
ドゥー **ดู** duu 見る	トーラタット **โทรทัศน์** thoorathát テレビ	サマートフォーン **สมาร์ตโฟน** samáatfoon スマートフォン	ナン **หนัง** nǎŋ 映画
タム **ทำ** tham する、作る	ガーン **งาน** ŋaan 仕事	アーハーン **อาหาร** ʔaahǎan 料理	ナンスー ドゥーンターン **หนังสือเดินทาง** náŋsɯ̌ɯdəənthaaŋ パスポート

書いてみよう

動詞に注意しながら、次のフレーズを書いてみましょう。

キン カノム **กินขนม** kin khanǒm お菓子を食べる	กินขนม	ドゥーム カーフェー **ดื่มกาแฟ** dùɯm kaafɛɛ コーヒーを飲む	ดื่มกาแฟ
ファン プレーン **ฟังเพลง** faŋ phleeŋ 歌を聞く	ฟังเพลง	スー ヤー **ซื้อยา** súɯ yaa 薬を買う	ซื้อยา
プート エェー **เปิดแอร์** pə̀ət ʔɛɛ エアコンをつける	เปิดแอร์	ピット ファイ **ปิดไฟ** pìt fay 電気を消す	ปิดไฟ
ミー ウェーラー **มีเวลา** mii weelaa 時間がある	มีเวลา	タム ガーン **ทำงาน** tham ŋaan 仕事する	ทำงาน

プート パーサータイ **พูดภาษาไทย** phûut phaasǎathay タイ語を話す	พูดภาษาไทย
アーン コー・クワーム **อ่านข้อความ** ʔàan khɔ̂ɔ-khwaam メッセージを読む	อ่านข้อความ
ドゥー トーラタット **ดูโทรทัศน์** duu thoorathát テレビを見る	ดูโทรทัศน์
キィアン ティーユー **เขียนที่อยู่** khǐan thîiyùu 住所を書く	เขียนที่อยู่

言語の習得に必要な4技能の動詞をまとめて覚えましょう。
ファン
ฟัง(faŋ)聞く
プート
พูด(phûut)話す
アーン
อ่าน(ʔàan)読む
キィアン
เขียน(khǐan)書く

レッスン 6

動詞述語文 ②
どうしじゅつごぶん

動詞と移動動詞を組み合わせる

基本的な移動動詞

「行く」「来る」など移動を説明するのに使う基本的な動詞をまず覚えましょう。

パイ	マー	クラップ	クン	ロン
ไป	มา	กลับ	ขึ้น	ลง
pay	maa	klàp	khûn	loŋ
行く	来る	帰る、戻る	上がる、登る	下りる

動詞と移動動詞の組み合わせ

まとまった動作を説明する場合、一つの文に同時に複数の動詞を使うことがあります。このような文では動作の方向を表すために、移動を表す動詞をよく使います。

動詞	移動を表す動詞	組み合わせた文
ドゥーン เดิน dəən 歩く	パイ ไป pay 行く	ドゥーン パイ　ピピッタパン เดินไปพิพิธภัณฑ์ dəən pay phíphítthaphan. 博物館に歩いていきます。
アオ เอา ?aw （物を）取る	マー มา maa 来る	アオ　ノートブック　マー　マハーウィッタヤーライ เอาโน้ตบุ๊กมามหาวิทยาลัย ?aw nóotbúk maa mahǎawítthayaalay. 大学にノートパソコンを持ってきます。
バントゥック บันทึก banthúk 保存する、書き留める	ロン ลง loŋ 下りる	バントゥック　コー・クワーム ロン　サマートフォーン บันทึกข้อความลงสมาร์ตโฟน banthúk khɔ̂ɔ-khwaam loŋ samáatfoon. スマートフォンにメッセージを保存します（書き込む）。

ウィン
วิ่ง wîŋ（走る）、พา phaa（[人を] 連れる）
などの移動動詞とよく組み合わせられます。

94

1章 タイ文字と発音

2章 タイ語の文法

3章 タイ語のフレーズ

パイ ムーアンタイ **ไปเมืองไทย** pay mɯaŋ thay タイに行く	ไปเมืองไทย	
マー トーキィアオ **มาโตเกียว** maa Tookiaw 東京に来る	มาโตเกียว	
クン チャン ソーン **ขึ้นชั้นสอง** khɯ̂n chánsɔ̌ɔŋ 2階に上がる	ขึ้นชั้นสอง	
ロン カーンラーン **ลงข้างล่าง** loŋ khâaŋlâaŋ 下に下りる	ลงข้างล่าง	

大学にノートパソコンを持ってきます。

| アオ
ʔaw | ノートブック
nóotbúk | マー
maa | マハーウィッタヤーライ
mahǎawítthayaalay. |

เอาโน้ตบุ๊กมามหาวิทยาลัย

เอาโน้ตบุ๊กมามหาวิทยาลัย

動詞が3つ以上登場する文

動詞が3つ以上登場する文も珍しくありません。こちらの例を見てみましょう。

カオ ドゥーン オーク パイ スー クルーアンドゥーム
เขา ①เดิน ②ออก ③ไป ④ซื้อเครื่องดื่ม
Kháw dəən ʔɔ̀ɔk pay sɯ́ɯ khrɯ̂aŋdɯ̀ɯm.

彼は①歩いて飲み物を④買いに②③出かけました。

95

レッスン 7

場所・位置を表す動詞と前置詞

存在を示す動詞「อยู่」(yùu)と前置詞「ที่」(thîi)

場所・位置を表すとき、「ある」「いる」あるいは「住んでいる」という意味を持つ動詞「อยู่」(yùu)を使います。同時に、場所・目的地を指す日本語の助詞「に、で」に当たる前置詞「ที่」(thîi)をよく使います。

主語	動詞 อยู่	前置詞 ที่ +場所・目的地
ホンサムット **ห้องสมุด** Hôŋsamùt 図書館	ユー **อยู่** yùu ある	ティー　チャンハー **ที่　ชั้นห้า** thîi　chán hâa. に　5階

図書館は5階にあります。

位置を指す他の前置詞

詳しく位置を指すとき、「ที่」(thîi)以外の前置詞を使います。

ボン **บน~** bon ~の上	ターイ **ใต้~** tâai ~の下	ナイ **ใน~** nai ~の中	ノーク **นอก~** nɔ̂ɔk ~の外	ナー **หน้า~** nâa ~の前	ラン **หลัง~** lǎŋ ~の後ろ	カーン **ข้าง~** khâaŋ ~のそば

例文を見てみましょう。

ナンスー　ユー　ボン　ト
หนังสืออยู่บนโต๊ะ
Náŋsǔɯ yùu bon tó?.
本はテーブルの上にあります。

ラーン　ユー　ナー　サターニー
ร้านอยู่หน้าสถานี
Ráan yùu nâa sathǎanii.
店は駅の前にあります。

書いてみよう　前置詞に注意しながら、次のフレーズと文を書いてみましょう。

ボン　ト **บนโต๊ะ** bon tó? テーブルの上	บนโต๊ะ	
ターイ　ティアン **ใต้เตียง** tâai tiaŋ ベッドの下	ใต้เตียง	
ナイ　ペー **ในเป้** nai pêe リュックの中	ในเป้	
ノーク　ホン **นอกห้อง** nɔ̂ɔk hɔ̂ŋ 部屋の外	นอกห้อง	

会社は新橋にあります。

ボーリサット　　　　　ユー　ティー　チ ム バー チ
Bɔɔrisàt　　yùu　thîi Chimbaachí?.

บริษัทอยู่ที่ชิมบาชิ

บริษัทอยู่ที่ชิมบาชิ

店は駅の前にあります。

ラーン　　　　ユー　　ナー　　　　サターニー
Ráan　　yùu　nâa　　sathǎanii.

ร้านอยู่หน้าสถานี

ร้านอยู่หน้าสถานี

日本語の「し」はタイ語で「ช」(chɔɔ cháaŋ)で表します。
例えば、新橋は **ชิมบาชิ**(Chimbaachí?)、寿司は **ซูชิ**(suuchí?) です。

レッスン 8

否定文　否定詞「ไม่」(mây)

否定文に必要な否定詞「ไม่」(mây)

　否定文を作るときには、基本的に「ไม่ใช่(〜ではない)」(mâychâi)か「ไม่(〜ない)」(mây)を使います。動詞「เป็น(〜である)」(pen)がある名詞述語文では、一部の慣用句や特別な文脈を除いて、「เป็น」を「ไม่ใช่」に置き換えます。形容詞述語文と動詞述語文では「ไม่」を述語の前に置きます。

述語の種類	肯定文	否定文
名詞述語文	カオ　ペン　　コン イープン เขาเป็นคนญี่ปุ่น Kháw pen khon yîipùn. 彼は日本人です。	カオ　マイ チャイ　コン イープン เขาไม่ใช่คนญี่ปุ่น Kháw mâychâi khon yîipùn. 彼は日本人ではありません。
形容詞述語文	パーサータイ　　　ヤーク ภาษาไทยยาก Phaasǎathay yâak. タイ語は難しいです。	パーサータイ　　マイ　ヤーク ภาษาไทยไม่ยาก Phaasǎathay mây yâak. タイ語は難しくありません。
動詞述語文	ナックスックサー　　ドゥーティーウィー นักศึกษาดูทีวี Náksùksǎa duu thiiwii. 学生はテレビを見ます。	ナックスックサー　　マイ ドゥーティーウィー นักศึกษาไม่ดูทีวี Náksùksǎa mây duu thiiwii. 学生はテレビを見ません。

タイの言葉遊び

「ไม่」の発音に似ている単語がいくつかあります。言葉遊びとして「ไม่」を使って発音を練習できるフレーズがあります。次の文を読めますか。

ไหมใหม่ไม่ไหม้

カタカナで書くと「マイ・マイ・マイ・マイ」になりますが、タイ語の発音では「mǎy mài mây mây」になっています。「新しいシルク(ไหมใหม่)は燃えない(ไม่ไหม้)」という意味です。

98

✏️ 書いてみよう

1．否定形に注意しながら、次の文を書いてみましょう。

マイチャイ　モー **ไม่ใช่หมอ** mâychâi mɔ̌ɔ 医者ではない	ไม่ใช่หมอ	
マイ　サドゥアック **ไม่สะดวก** mây sadùak 便利ではない	ไม่สะดวก	
マイ ドゥーム　ラオ **ไม่ดื่มเหล้า** mây dùɯm lâw お酒を飲まない	ไม่ดื่มเหล้า	

2．「ไม่ใช่」(mâychâi)か「ไม่」(mây)を選んで文を完成させましょう。

ラーイムー　　　　　　スアイ ① **ลายมือ＿＿＿สวย** Laaymɯɯ　　　　　sǔay. 字　　　　　　　きれいだ 字はきれいではありません。	カオ　　　　　　パイ タム　ガーン ② **เขา＿＿＿＿ไปทำงาน** Kháw　　　　　pay thamŋaan. 彼　　　　　　仕事に行く 彼は仕事をしに行きません。
パーク ヌーア　　　ミー　タレー ③ **ภาคเหนือ＿มีทะเล** Phâaknɯ̌a　　　　mii thalee. 北部　　　　　　ある　海 北部に海がありません。	スーチ　　　　　　アーハーンタイ ④ **ซูชิ＿＿＿＿อาหารไทย** Suuchí?　　　　　ʔaahǎan thay. 寿司　　　　　　料理　タイ 寿司はタイ料理ではありません。
カーフェー　　　　　アロイ ⑤ **กาแฟ＿＿＿อร่อย** Kaafɛɛ　　　　　ʔarɔ̀y. コーヒー　　　　おいしい コーヒーはおいしくありません。	ワンニー　　　　　　ワンチャン ⑥ **วันนี้＿＿＿วันจันทร์** Wanníi　　　　　wan can. 今日　　　　　　月曜日 今日は月曜日ではありません。

解答 ①ไม่ ②ไม่ ③ไม่ ④ไม่ใช่ ⑤ไม่ ⑥ไม่ใช่

レッスン 9

疑問文（ぎもんぶん）　疑問詞によって ニュアンスが変わる

文末の疑問詞

　肯定文を疑問文にするには、原則として疑問詞「ไหม」(máy)か「หรือ」(rɯ̌ɯ)を文末に付けます。文の種類によって、疑問詞の使い方とニュアンスは違います。

　「ไหม」は基本的に、形容詞述語文と動詞述語文に使います。「หรือ」はどんな文でも使えますが、一般的な情報を求める疑問詞「ไหม」と違って、ある程度得られた情報に基づいて、判断する目的で聞く疑問詞です。「หรือ」の発音は「rɯ̌ə」「rɔ́ɔ」「rɯ́?」になることが多いです。

　「ไหม」の疑問文には、その文の述語を使って答えます。「หรือ」の疑問文に対して、「ใช่(そう)」(châi)か「ไม่ใช่(そうでない)」(mâychâi)と言ってから、文の述語を使って答えます。

　「ใช่」と「ไม่ใช่」を省いて、すぐ述語を使って答えることも可能です。

種類	肯定文	疑問文	
		ไหม (マイ) máy	หรือ (ルー) rɯ̌ɯ
形容詞述語文	ภาษาไทยยาก (パーサータイ ヤーク) Phaasǎathay yâak. タイ語は難しいです。	ภาษาไทยยากไหม (パーサータイ ヤーク マイ) Phaasǎathay yâak máy. タイ語は難しいですか？	ภาษาไทยยากหรือ (パーサータイ ヤーク ルー) Phaasǎathay yâak rɯ̌ɯ. タイ語は難しいんですか？
動詞述語文	นักศึกษาดูทีวี (ナックスックサー ドゥーティーウィー) Náksɯ̀ksǎa duu thiiwii. 学生はテレビを見ます。	นักศึกษาดูทีวีไหม (ナックスックサー ドゥー ティーウィー マイ) Náksɯ̀ksǎa duu thiiwii máy. 学生はテレビを見ますか？	นักศึกษาดูทีวีหรือ (ナックスックサー ドゥー ティーウィー ルー) Náksɯ̀ksǎa duu thiiwii rɯ̌ɯ. 学生はテレビを見るんですか？
名詞述語文	เขาเป็นคนญี่ปุ่น (カオ ペン コン イープン) Kháw pen khon yîipùn. 彼は日本人です。	—	เขาเป็นคนญี่ปุ่นหรือ (カオ ペン コン イープン ルー) Kháw pen khon yîipùn rɯ̌ɯ. 彼は日本人なんですか？

※タイ語には、「Yes、No」つまり日本語の「はい、いいえ」に当たる単語がありません。自然な答え方は述語を言って、ていねいな文末表現「ค่ะ/ครับ」(khâ?/khráp)(第3章レッスン1参照)を加えますが、述語を使わず省略式で返事する方法があります。「はい」と「いいえ」として考えられるのは「ใช่」あるいは「(ใช่)ค่ะ/(ใช่)ครับ」と、「ไม่ใช่」あるいは「ไม่(ใช่)ค่ะ/ไม่(ใช่)ครับ」ですが、疑問文の種類によって不自然な返事になる可能性があるので注意する必要があります(149ページ参照)。

書いてみよう

1．文末疑問詞と語順に注意しながら、次の文を書いてみましょう。

先生はいますか？	グリーンカレーは辛いんですか？
アーチャーン　　　　　ユー　　マイ ʔaacaan　　　　　　yùu　máy.	ケェーンキィアオワーン　　　　　　　ペット　ルー Kɛɛŋkhǐawwǎan　　　　　phèt　rǔɯ.
อาจารย์อยู่ไหม	แกงเขียวหวานเผ็ดหรือ
อาจารย์อยู่ไหม	แกงเขียวหวานเผ็ดหรือ

2．問いと答えの文を書いてみましょう。

行きますか？　　　　　—行きます。	食べますか？　　　　　—食べます。
パイ　マイ　　　　　　　　　パイ Pay　máy.　　　　　　　　Pay.	キン　マイ　　　　　　　　　キン Kin　máy.　　　　　　　　Kin.
ไปไหม　–ไป	กินไหม　–กิน
ไปไหม　–ไป	กินไหม　–กิน

ビジネスマンなんですか？　　　　　　　　　　　—いいえ、ビジネスマンではありません。
ペン　　ナックトゥラキット　　　　　　　　ルー　　　　　　　マイ チャイ　　　　　マイ チャイ　　　　ナックトゥラキット Pen　nákthúrákìt　　　　　rǔɯ.　　　　　Mây châi,　　　mâychâi　nákthúrákìt.
เป็นนักธุรกิจหรือ　–ไม่ใช่　ไม่ใช่นักธุรกิจ
เป็นนักธุรกิจหรือ　–ไม่ใช่　ไม่ใช่นักธุรกิจ

レッスン 10

数字と類別詞 <ruby>類別詞<rt>るいべつし</rt></ruby> 数えるときに 類別詞が必要になる

「10」以上の数え方と類別詞

「๑๐(10)」(sìp)以上の数は、「๑๐(10)」に「๑(1)」(nɯ̀ŋ)から順番に付けていきます。「〜1」で終わる二桁以上の数字は、原則として「〜nɯ̀ŋ」ではなく、「〜ʔèt」と発音します。「๒๐(20)」は「sɔ̌ɔŋ sìp」ではなく、「yîi sìp」と読みます。

10 ๑๐	11 ๑๑	12 ๑๒	13 ๑๓
スィップ	スィップエット	スィップソーン	スィップサーム
sìp	sìp ʔèt	sìp sɔ̌ɔŋ	sìp sǎam

20 ๒๐	21 ๒๑	22 ๒๒	100 ๑๐๐
イースィップ	イースィップエット	イースィップソーン	(ヌン) ローイ
yîisìp	yîisìp ʔèt	yîisìp sɔ̌ɔŋ	(nɯ̀ŋ) rɔ́ɔy

「1,000」以上の数には、後ろから三桁ごとに「,(コンマ)」(cunlaphâak)を付けます。大きな数は、158ページにまとめました。

3,547,291 ๓,๕๔๗,๒๙๑

サームラーン	ハーセェーン	スィームーン	チェットパン	ソーンローイ	カーオスィップ エット

สามล้านห้าแสนสี่หมื่นเจ็ดพันสองร้อยเก้าสิบเอ็ด

sǎam	láan	hâa	sɛ̌ɛn	sìi	mɯ̀ɯn	cèt	phan	sɔ̌ɔŋ	rɔ́ɔy	kâaw	sìp	ʔèt
3	百万	5	十万	4	万	7	千	2	百	9	十	1

数字は、類別詞・単位と一緒によく使います。類別詞は特定の名詞に付くもので、数字とともに使う場合、「〜匹」などと単位を表します。

また数を尋ねるときは「กี่(kìi)(いくつ)＋類別詞・単位」という形になります。答えるときは「กี่」を数字に置き換えて答えます。代表的な類別詞は157ページを見てみましょう。

メェーオ キートゥア	スィップ トゥア
แมวกี่ตัว 猫は何匹ですか？	๑๐ ตัว 10匹です。
Mɛɛw kìi tua.	Sìp tua.

102

✏️ **書いてみよう** 数字と類別詞・単位に注意しながら、次の文を書いてみましょう。

メェーオ スィップ トゥア **แมว ๑๐ ตัว** mɛɛw sìp tua 猫 10 匹	แมว ๑๐ ตัว	
ウェンター ヌン アン **แว่นตา ๑ อัน** wêntaa nùŋ ʔan 眼鏡 1 個	แว่นตา ๑ อัน	
パンハーローイ バート **๑,๕๐๐ บาท** phan hâa rɔ́ɔy bàat 1,500 バーツ	๑,๕๐๐ บาท	

何泊泊まりますか？ パック キー クーン Phák kìi khɯɯn. **พักกี่คืน** พักกี่คืน	3泊泊まります。 パック サーム クーン Phák sǎam khɯɯn. **พัก ๓ คืน** พัก ๓ คืน

ミニ知識

「9」はタイ人の好む数字です。第1章レッスン28で学んだように、「9」は「kâaw」と発音します。これが、「ก้าวหน้า(進歩する)」(「kâaw nâa」)の「ก้าว」(kâaw)と同音なので、縁起が良いとされています。例えば、新築祝いの際にお坊さんを招待しますが、基本的に9名呼びます。

> 書くときは、数字の前後に一文字分のスペースを空けます。

レッスン 11

指示詞 （しじし）
コミュニケーションに役に立つ
「นี่」「นั่น」「โน่น」

基本的な指示詞

基本的な指示詞には「นี่（これ）」(nîi)、「นั่น（それ）」(nân)、「โน่น（あれ）」(nôon)があります。また、最近会話では「นู่น（あれ）」(nûun)もよく聞くようになりました。文型は「指示詞＋名詞・名詞句」です。

場所を指すときは指示詞の前に「ที่」(thîi)を付けて、「ที่นี่（ここ）」(thîinîi)、「ที่นั่น（そこ）」(thîinân)、「ที่โน่น（あそこ）」(thîinôon)になります。

ニー นี่ nîi これ	ナン นั่น nân それ	ノーン　　　ヌーン โน่น (นู่น) nôon　　　nûun あれ
ティーニー ที่นี่ thîinîi ここ	ティーナン ที่นั่น thîinân そこ	ティーノーン　　ティーヌーン ที่โน่น (ที่นู่น) thîinôon　　thîinûun あそこ

指示詞	疑問詞		指示詞	名詞
ニー นี่ Nîi これ	アライ อะไร ʔaray. 何		ニー นี่ Nîi これ	マンクット มังคุด maŋkhút. マンゴスチン

これは何ですか。　　　　　　　　これはマンゴスチンです。

指示詞（場所）	述語	疑問詞		否定	述語
ティーノーン ที่โน่น Thîinôon あそこ	ナーオ หนาว năaw 寒い	マイ ไหม máy. 疑問詞		マイ ไม่ Mây 否定	ナーオ หนาว năaw. 寒い

あそこは寒いですか。　　　　　　寒くないです。

◀ # 書いてみよう

1. 指示詞に注意しながら、「อะไร(何)」(ʔaray)の問いと答えを書いてみましょう。

これは何ですか？	—これはマンゴスチンです。
ニー アライ Nîi ʔaray.	ニー マンクット Nîi maŋkhút.
นี่อะไร	—นี่มังคุด
นี่อะไร	—นี่มังคุด

2. 場所の指示詞に注意しながら、肯定文、否定文を書いてみましょう。

文の種類 例文	肯定文	否定文 マイ 「ไม่」(mây)
ティーニーサドゥアック ที่นี่สะดวก thîinîi sadùak ここ 便利な	ที่นี่สะดวก ここは便利です。	ที่นี่ไม่สะดวก ここは便利ではありません。
ティーナンミー エェー ที่นั่นมีแอร์ thîinân mii ʔɛɛ そこ ある エアコン	ที่นั่นมีแอร์ そこにエアコンがあります。	ที่นั่นไม่มีแอร์ そこにエアコンがありません。
ティーノーン ナーオ ที่โน่นหนาว thîinôon nǎaw あそこ 寒い	ที่โน่นหนาว あそこは寒いです。	ที่โน่นไม่หนาว あそこは寒くありません。

ミニ知識

　名詞述語文では、特定の物を示す場合、「คือ(である、すなわち…である)」(khɯɯ)を指示
詞の後に置くことがあります。例えば「นี่คืออะไร(これは何ですか。)」(Nîi khɯɯ ʔaray.)、
「นี่คือจิ้งหรีดทอด(これは揚げコオロギです。)」(Nîi khɯɯ cîŋrìit-thɔ̂ɔt.)などです。

指示詞(しじし)と類別詞(るいべつし)　こそあど言葉と類別詞

名詞と指示詞の組み合わせ

「あの店」「この人」などのように特定の物・人を指すとき、名詞と指示詞を組み合わせて使うことがありますが、タイ語では指示詞と名詞をそのまま付けるのでなく、類別詞を付けてから指示詞を置く習慣があります。類別詞はレッスン10で数とともに使うと説明しましたが、指示詞とともにも使われ、特定の物事を指し示します。

名詞 ＋ 類別詞 ＋ 指示詞

名詞	類別詞	指示詞	例
ラーン ร้าน ráan 店	ラーン ร้าน ráan	ニー ~นี้ níi この~	ラーン（ラーン）ニー ร้าน (ร้าน) นี้ ráan (ráan) níi この店
コムピウトゥー คอมพิวเตอร์ khɔmphíwtə̂ə パソコン	クルーアン เครื่อง khrŵaŋ	ナン ~นั้น nán その~	コムピウトゥー　クルーアン　ナン คอมพิวเตอร์เครื่องนั้น khɔmphíwtə̂ə khrŵaŋ nán そのパソコン
コン คน khon 人	コン คน khon	ノーン ~โน้น nóon あの~	コン　（コン）　ノーン คน (คน) โน้น khon (khon) nóon あの人
ロットファイ รถไฟ rótfay 電車	カブアン ขบวน khabuan	ナイ ~ไหน nǎy どの~	ロットファイ　カブアン　ナイ รถไฟขบวนไหน rótfay khabuan nǎy どの電車

　日常的に類別詞が省略されることもあります。特に名詞と類別詞が同じ語の場合や会話文では、よく省略されます。

　特定の物について尋ねるとき、「อันไหน(どれ)」(ʔannǎy)を使います。場所について尋ねるとき、「ที่ไหน(どこ)」(thîinǎy)を使います。これらの疑問詞を使ったら、文末疑問詞「ไหม」(máy)は付けません。

◀ ✏ 書いてみよう

この2個のカバンはとてもきれいです。

クラパオ　ソーン　バイ　ニー　　　　　スアイ　マーク
Krapǎw sɔ̌ɔŋ bai níi　　　　sǔay mâak.

กระเป๋า ๒ ใบนี้สวยมาก

กระเป๋า ๒ ใบนี้สวยมาก

そのパソコンは速いです。

コムピウトゥー　クルーアン　ナン　　　　　レオ
Khɔmphíwtə̂ə khrʉ̂aŋ nán　　　　rew.

คอมพิวเตอร์เครื่องนั้นเร็ว

คอมพิวเตอร์เครื่องนั้นเร็ว

あの人はタイ語がわかります。

コン　　ノーン　　カオチャイ　　　　パーサータイ
Khon nóon khâwcai phaasǎathay.

คนโน้นเข้าใจภาษาไทย

คนโน้นเข้าใจภาษาไทย

※単語「เข้าใจ」(khâwcai) を分けてみると、「入る」という意味の「เข้า」(khâw)と、「心」という意味の「ใจ」(cai)になります。合わせて「わかる、理解する」という意味になります。

どの電車がチェンマイへ行きますか？ ―あの電車はチェンマイへ行きます。

ロットファイ　カブアン　ナイ　　　バイ　チィアンマイ　　　　カブアン　ノーン　　バイ　チィアンマイ
Rótfay khabuan nǎy　pay Chiaŋmài.　　Khabuan nóon pay Chiaŋmài.

รถไฟขบวนไหนไปเชียงใหม่ – ขบวนโน้นไปเชียงใหม่

รถไฟขบวนไหนไปเชียงใหม่ – ขบวนโน้นไปเชียงใหม่

　類別詞は特定の名詞に組み合わせて使うので、名詞がなく類別詞だけでも、どんなものを指しているか理解できることが多いです。

時制を理解するのに役に立つ語

タイ語の時制

　タイ語は語の活用形で時制を表すことはありません。「する」「した」「している」のどの時制にも解釈できます。主に文脈や状況、「明日」や「昨日」といった時間を表す副詞などで時制を判断します。

　しかし、時制をある程度、明確にする語もあります。もっとも基本的なものは、これから起きることを指す「จะ」(càʔ)と、過去の出来事を指す「แล้ว」(lέεw)です。

> 厳密には時制そのものを表すというより、「จะ」はこれからやることに対する意志、「แล้ว」はある動作が完了するという印です。

動詞・形容詞の前に置き、これから起きることを指す「จะ」(càʔ)

　「จะ」(càʔ)は動詞と形容詞の前に置きます。否定文の場合、否定詞「ไม่」(mây)の前に置きます。文中の「จะ」の発音は軽声になる傾向にあり、特に会話では強調しない限り、「càʔ」ではなく、ほとんど「ca」と発音します。

時制	述語		時制	否定	述語
チャ	キン		チャ	マイ	キン
จะ	**กิน**		**จะ**	**ไม่**	**กิน**
ca	kin		ca	mây	kin
これから	食べる		これから	〜ない	食べる
（これから）食べる			（これから）食べない		

文末に置き、過去の出来事を指す「แล้ว」(lέεw)

　「แล้ว」(lέεw)は文末に置きます。「จะ〜แล้ว（もう〜する）」(càʔ〜lέεw)の形で使うことがあります。

述語	時制		時制	述語	目的語	時制
キン	レェーオ		チャ	クラップ	バーン	レェーオ
กิน	**แล้ว**		**จะ**	**กลับ**	**บ้าน**	**แล้ว**
kin	lέεw		ca	klàp	bâan	lέεw
食べる	すでに		これから	帰る	家	もう
食べた			もう家に帰る			

語順に注意しながら、「**จะ**」(cà?)と「**แล้ว**」(lɛ́ɛw)を使った文を書いてみましょう。

チャ ユット ガーン **จะหยุดงาน** ca yùt ŋaan 仕事を休む	จะหยุดงาน	
チャ マイ キン **จะไม่กิน** ca mây kin 食べない	จะไม่กิน	
カオチャイ レェーオ **เข้าใจแล้ว** khâwcai lɛ́ɛw 理解した	เข้าใจแล้ว	

明日仕事を休みます。

プルンニー チャ ユット ガーン Phrûŋníi ca yùt ŋaan.
พรุ่งนี้**จะหยุดงาน**
พรุ่งนี้จะหยุดงาน

先生はメールを読みました。

アーチャーン アーン イーメーオ レェーオ ?aacaan ?àan ?ii-meew(l) lɛ́ɛw.
อาจารย์อ่านอีเมลแล้ว
อาจารย์อ่านอีเมลแล้ว

12月は気温が低くなります。

ドゥーアン タン ワーコム Dwan thanwaakhom	ウンハプーム ?unhaphuum	チャタム ca tàm.
เดือนธันวาคมอุณหภูมิจะต่ำ		
เดือนธันวาคมอุณหภูมิจะต่ำ		

※「**ต่ำ**」(tàm) の対義語は「**สูง**」(sǔuŋ)で、高いという意味です。

関係代名詞 <small>かんけいだいめいし</small>
いちばん重要な関係代名詞 「ที่」(thîi)

情報を加える「ที่」(thîi)

タイ語の関係代名詞はいくつかありますが、いちばん重要でよく使うのは「ที่」(thîi)です。場所・位置を示す「ที่」は、前置詞でもあり関係代名詞としても使われます。名詞と追加情報を結ぶ機能を持つので、現在のタイ語学では、接続詞としても見なされるようになりました。

被修飾語の次に「ที่」を付けてから情報を加えます。

名詞	関係代名詞	追加情報
アーハーン อาหาร ʔaahǎan 料理	ティー ที่ thîi （関係代名詞）	マイ　ペット ไม่เผ็ด mây phèt 辛くない
辛くない料理		

> タイ風焼きそば「ผัดไทย」<small>パット タイ</small>
(phàt thay) は、直訳すると「タイ炒め」で、辛くないタイ料理の代表です。1930年代後半に普及したパッタイは、現在世界的に知られ、英英辞典に「pad thai」という綴りで載っています。

サン　アーハーン ティーマイ　ペット　ソーン　ヤーン　レェーオ
สั่งอาหารที่ไม่เผ็ด ๒ อย่างแล้ว
Sàŋ ʔaahǎan thîi mây phèt sǒoŋ yàaŋ lɛ́ɛw.
辛くない料理を2種類注文しました。

名詞	関係代名詞	追加情報
エップリケーチャン แอปพลิเคชัน ʔɛ́pphlikheechân アプリケーション	ティー ที่ thîi （関係代名詞）	ポム　　ダーオロート　　　マー ผมดาวน์โหลดมา phǒm daawlòot maa 私がダウンロードしてきた
私がダウンロードしてきたアプリケーション		

エップリケーチャン　　　ティーポム　　　ダーオロート　　マー　サドゥアック　チン　チン
แอปพลิเคชันที่ผมดาวน์โหลดมาสะดวกจริง ๆ
ʔɛ́pphlikheechân thîi phǒm daawlòot maa sadùak ciŋ ciŋ.
私がダウンロードしてきたアプリケーションは本当に便利です。

あなたが空いている日

ワン	ティー	クン	ワーン
wan	thîi	khun	wâaŋ

วันที่คุณว่าง

วันที่คุณว่าง

宿泊するホテル

ローンレェーム	ティー	チャ	パック
rooŋrɛɛm	thîi	ca	phák

โรงแรมที่จะพัก

โรงแรมที่จะพัก

辛くない料理を2種類注文しました。

サン	アーハーン	ティー	マイ	ペット	ソーン	ヤーン	レェーオ
Sàŋ	ʔaahǎan	thîi	mây	phèt	sɔ̌ɔŋ	yàaŋ	lɛ́ɛw.

สั่งอาหารที่ไม่เผ็ด ๒ อย่างแล้ว

สั่งอาหารที่ไม่เผ็ด ๒ อย่างแล้ว

私がダウンロードしてきたアプリケーションは本当に便利です。

エップリケーチャン	ティー	ポム	ダーオロート	マー	サドゥアック	チン	チン
ʔɛ́pphlikheechân	thîi	phǒm	daawlòot	maa	sadùak	ciŋ	ciŋ.

แอปพลิเคชันที่ผมดาวน์โหลดมาสะดวกจริง ๆ

แอปพลิเคชันที่ผมดาวน์โหลดมาสะดวกจริง ๆ

基本的な接続詞 「และ」(lέʔ)と「แต่」(tɛ̀ɛ)

接続詞 「และ(と、そして)」(lέʔ)

　語と語や文と文をつなぐとき、日本語の「と」と「そして」に相当する接続詞「และ(lέʔ)」を使います。また、たくさんのものを羅列するときには、最後にスペースを1文字分空けてから語句の前に「และ」を書きます。

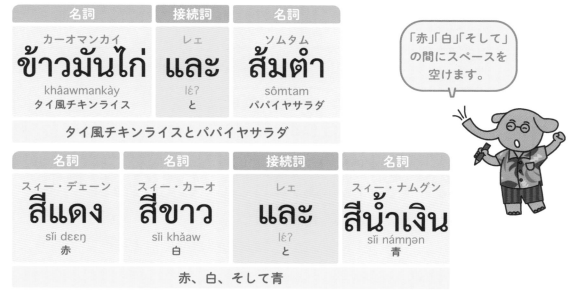

名詞	接続詞	名詞
カーオマンカイ	レェ	ソムタム
ข้าวมันไก่	และ	ส้มตำ
khâawmankày	lέʔ	sômtam
タイ風チキンライス	と	パパイヤサラダ

タイ風チキンライスとパパイヤサラダ

「赤」「白」「そして」の間にスペースを空けます。

名詞	名詞	接続詞	名詞
スィー・デェーン	スィー・カーオ	レェ	スィー・ナムグン
สีแดง	สีขาว	และ	สีน้ำเงิน
sǐi dɛɛŋ	sǐi khǎaw	lέʔ	sǐi námŋən
赤	白	と	青

赤、白、そして青

逆接の接続詞 「แต่(〜が、しかし)」(tɛ̀ɛ)

　主要部分が2つある文で、後半の内容が前半の内容に反する場合、後半の句・節の前に日本語の「〜が、しかし」に相当する接続詞「แต่」(tɛ̀ɛ)を置くと対立する内容を述べることができます。「แต่」は、くだけた場面でも改まった場面でも使えますが、会話文では「แต่」に「ว่า」(wâa)が付いた「แต่ว่า」(tɛ̀ɛwâa)という形がよく使われます。書くときには、原則として「แต่」の前にスペースを1文字分空けて書きます。

述語	名詞	接続詞	述語	名詞
ミー	グン	テェー	マイ ミー	ウェーラー
มี	เงิน	แต่	ไม่มี	เวลา
Mii	ŋən	tɛ̀ɛ	mây mii	weelaa.
ある	お金	しかし	ない	時間

お金はありますが、時間はありません。

書いてみよう

接続詞に注意しながら、次のフレーズと文を書いてみましょう。

レェ **และ** lɛ́ʔ と、そして	และ		テェー **แต่** tɛ̀ɛ ～が、しかし	แต่	

タイ風チキンライスとパパイヤサラダ

カーオマンカイ	レェ	ソムタム
khâawmankày	lɛ́ʔ	sômtam

ข้าวมันไก่และส้มตำ

ข้าวมันไก่และส้มตำ

お金はありますが、時間はありません。

ミー グン	テェー	マイ ミー ウェーラー
Mii ŋən,	tɛ̀ɛ	mây mii weelaa.

มีเงิน แต่ไม่มีเวลา

มีเงิน แต่ไม่มีเวลา

情報を更新して登録する

アップデート	コームーン	レェ	ロン タビィアン
ʔápdèet	khɔ̂ɔmuun	lɛ́ʔ	loŋ thabian

อัปเดตข้อมูลและลงทะเบียน

อัปเดตข้อมูลและลงทะเบียน

「อัปเดต」は英語の動詞「update」から来た単語です。会話では「近況を報告する」という意味としても使います。

ご飯、デザート、そして果物を食べましたが、お腹がいっぱいになっていません。

キン	カーオ	カノムワーン	レェ	ポンラマーイ レェーオ	テェーワー	マイ イム
Kin	khâaw	khanǒmwǎan	lɛ́ʔ	phǒnlamáay lɛ́ɛw,	tɛ̀ɛwâa	mây ʔìm.

กินข้าว ขนมหวาน และผลไม้แล้ว แต่ว่าไม่อิ่ม

กินข้าว ขนมหวาน และผลไม้แล้ว แต่ว่าไม่อิ่ม

タイ語で表す色と柄

服や小物を買うときには、色（สี sǐi）や柄（ลาย laay）を伝えたいですね。

白色	黒色	灰色
スィー・カーオ	スィー・ダム	スィー・タオ
สีขาว	สีดำ	สีเทา
sǐi khǎaw	sǐi dam	sǐi thaw

赤色	ピンク色	オレンジ色
スィー・デェーン	スィー・チョムプー	スィー・ソム
สีแดง	สีชมพู	สีส้ม
sǐi dɛɛŋ	sǐi chomphuu	sǐi sôm

黄色	黄緑色	緑色
スィー・ルーアン	スィー・キィアオルーアン	スィー・キィアオ
สีเหลือง	สีเขียวเหลือง	สีเขียว
sǐi lɯ̌aŋ	sǐi khǐawlɯ̌aŋ	sǐi khǐaw

水色	青色	紺色
スィー・ファー	スィー・ナムグン	スィー・クロム（マター）
สีฟ้า	สีน้ำเงิน	สีกรม (ท่า)
sǐi fáa	sǐi námŋən	sǐi krom (mathâa)

紫色	茶色	ベージュ色
スィー・ムアン	スィー・ナムターン	スィー・ベート
สีม่วง	สีน้ำตาล	สีเบจ
sǐi mûaŋ	sǐi námtaan	sǐi bèet

無地	縦じま	横じま
マイミー　ラーイ	ラーイ・ターン	ラーイ・クワーン
ไม่มีลาย	ลายทาง	ลายขวาง
mâymii laay	laay thaaŋ	laay khwǎaŋ

水玉	チェック柄	花柄
ラーイ・チュット	ラーイ・ターラーン	ラーイ・ドーク
ลายจุด	ลายตาราง	ลายดอก
laay cùt	laay taaraaŋ	laay dɔ̀ɔk

国　旗

　現在のタイの国旗は 1917 年に誕生し、赤・白・青の3色で構成されています。赤は「国家」、白は「宗教」、そして青は「国王」を意味しています。3色でできていることから、国旗はタイ語でธงไตรรงค์ (thoŋ trayroŋ) と呼ばれています。ธง (thoŋ) は旗、ไตร (tray) は三（文語）、รงค์ (roŋ) は色（文語）で、「三色旗」という意味です。また過去には赤い背景に白象の絵が載った国旗が使われた時期もありました。

　タイ国内では、朝8時に国旗を揚げるとともに国歌を流します。また午後6時には国旗を降ろし、再び国歌を流します。国歌が聞こえたら、基本的にその場で立ち止まるか起立し、敬意を表す習慣があります。車やバスなど、乗り物に乗っている場合は、国歌が聞こえても止まる必要はありません。

国旗の「青」は「紺」に見えるかもしれませんが、タイ人は「สีกรมท่า（紺色）」(sǐi krommathâa) ではなく、「สีน้ำเงิน（青色）」(sǐi námŋen) として考えています。

練習問題

第2章で学んだタイ語の
基本的な文法を復習しましょう。

1 日本語に合うものを選びましょう。

(⇒ レッスン 1~3)

① タイ料理はおいしいです。

ไทย：タイ
อาหาร：料理
อร่อย：おいしい

❶ ไทยอาหารอร่อย
　 Thay　　ʔaahǎan　　ʔarɔ̀y

❷ อาหารไทยอร่อย
　 ʔaahǎan　　thay　　ʔarɔ̀y

② 声調は難しいです。

วรรณยุกต์：声調
ยาก：難しい

❶ วรรณยุกต์ยาก
　 wannayúk　　　　yâak

❷ ยากวรรณยุกต์
　 yâak　　wannayúk

③ 私の家族

ของ：～の
ครอบครัว：家族
ผม：私（男）

❶ ของครอบครัวผม
　 khɔ̌ɔŋ　　khrɔ̂ɔpkhrua　　　phǒm

❷ ครอบครัวของผม
　 khrɔ̂ɔpkhrua　　　khɔ̌ɔŋ　　phǒm

④ 自動ドアは便利です。

อัตโนมัติ：自動
ประตู：ドア
สะดวก：便利な

❶ อัตโนมัติประตูสะดวก
　 ʔàttanoomát　　　pratuu　　sadùak

❷ ประตูอัตโนมัติสะดวก
　 pratuu　　ʔàttanoomát　　　sadùak

2 動詞に続く最も自然な単語を選びましょう。

タム ทำ tham	❶ バーサータイ ภาษาไทย phaasǎathay （タイ語）	❷ ガーン งาน ŋaan （仕事）	❸ ティーユー ที่อยู่ thîiyùu （住所）
① キン กิน kin	❶ ガーン งาน ŋaan （仕事）	❷ サマートフォン สมาร์ตโฟน（スマートフォン） samáatfoon	❸ カーオ ข้าว khâaw （ご飯）
③ ドゥーム ดื่ม dùum	❶ コームーン ข้อมูล khɔ̂ɔmuun （情報・データ）	❷ バーサーチーン ภาษาจีน phaasǎaciin （中国語）	❸ カーフェー กาแฟ kaafɛɛ （コーヒー）
④ キィアン เขียน khǐan	❶ ティーユー ที่อยู่ thîiyùu （住所）	❷ カノム ขนม khanǒm （お菓子）	❸ ラオ เหล้า lâw （お酒）

3 左側に書かれている数字と同じ意味を持つものを選びましょう。

（➡ レッスン 10）

① 37	❶ サーム スィップ チェット ๓๗ sǎam sìp cèt	❷ ペェート スィップ カーオ ๘๙ pèɛt sìp kâaw
② ๔๕	❶ ペェート スィップ ソーン 82 pèɛt sìp sɔ̌ɔŋ	❷ スィー スィップ ハー 45 sii sìp hâa
③ ๒๑	❶ ソーン スィップ ヌン สองสิบหนึ่ง sɔ̌ɔŋ sìp nùŋ	❷ イー スィップ エット ยี่สิบเอ็ด yîi sìp ʔèt
④ ๑๙๐	❶ ローイ カーオ スィップ ร้อยเก้าสิบ rɔ́ɔy kâaw sìp	❷ スィップ カーオ スーン สิบเก้าศูนย์ sìp kâaw sǔun

練習問題

4 （　　　）の中から正しい否定詞を選んでください。

① เขา (ไม่ / ไม่ใช่) คนญี่ปุ่น
<small>マイ　　　　マイチャイ　　　　　　コン イープン</small>
Kháw　　　mây　　　mâychâi　　　khon yîipùn.
彼　　　　　　　　　　　　　　　　日本人

② ดิฉัน (ไม่ / ไม่ใช่) ดื่มเหล้า
<small>ディチャン　　　マイ　　マイチャイ　　　ドゥーム　ラオ</small>
Dichán　　　mây　　　mâychâi　　　dùɯm　lâw.
私（女）　　　　　　　　　　　　飲む　お酒

③ นักศึกษาลายมือ (ไม่ / ไม่ใช่) สวย
<small>ナックスックサー　　　ラーイムー　　　マイ　　マイチャイ　　スアイ</small>
Náksùksǎa　　　laaymɯɯ　　　mây　　　mâychâi　　　sǔay.
学生　　　　　　字　　　　　　　　　　　　　　　　きれいな

④ คอมพิวเตอร์ (ไม่ / ไม่ใช่)บันทึกข้อมูล
<small>コムピウトゥー　　　マイ　　マイチャイ　　　バントゥック　コームーン</small>
Khɔmphíwtə̂ə　　　mây　　　mâychâi　　　banthɯ́k　　　khɔ̂ɔmuun.
コンピューター　　　　　　　　　　　　　　保存する　　　情報

⑤ ซูชิ (ไม่ / ไม่ใช่) เผ็ด
<small>スーチ　　　マイ　　マイチャイ　　　ペット</small>
Suuchí?　　　mây　　　mâychâi　　　phèt.
寿司　　　　　　　　　　　　　　　　辛い

5 （　　　）の中から<u>下線部</u>の日本語に合うものを選んでください。

---

① <u>これ</u> は何ですか。

（ นี่ / นั่น ）อะไรคะ
　　Nîi　　Nân　　ʔaray　khá?.

ニー　　ナン　　アライ　カ

อะไร：何　アライ

---

② <u>そこ</u> にエアコンがありません。

（ ที่นี่ / ที่นั่น ）ไม่มีแอร์
　Thîinîi　Thîinân　　mây mii ʔɛɛ.

ティーニー　ティーナン　　マイミー　エー

แอร์：エアコン　エール

---

③ <u>この</u> カバンはきれいです。

กระเป๋า（ ใบนี้ / คันนี้ ）สวย
Krapǎw　　　bai nîi　　khan nîi　　sǔay.

クラパオ　　バイニー　　カンニー　　スアイ

กระเป๋า：カバン　クラパオ
สวย：きれいな　スアイ

---

④ 私は猫を<u>3 匹</u>飼っています。

ดิฉันเลี้ยงแมว（ ๓ ตัว / ๓ อัน ）
Dichán　líaŋ　mɛɛw　　sǎam tua　　sǎam ʔan.

ディチャン　リィアン　メーオ　サーム トゥア　サーム アン

เลี้ยง：飼う　リィアン
แมว：猫　メーオ

---

⑤ お金はあります。<u>しかし</u>、時間はありません。

มีเงิน（ และ / แต่ ）ไม่มีเวลา
Mii ŋən　　　lɛ́?　　tɛ̀ɛ　　mây mii weelaa.

ミー グン　　レ　　テー　　マイ ミー ウェーラー

มี：持っている　ミー
เงิน：お金　グン
เวลา：時間　ウェーラー

---

⑥ 彼は E メールを<u>読みました</u>。

เขา（ จะอ่านอีเมล / อ่านอีเมลแล้ว ）
Kháw　　ca　ʔàan　ʔii-meew (l)　　ʔàan　ʔii-meew(l)　lɛ́ɛw.

カオ　チャ　アーン　イーメーオ　　アーン　イーメーオ　レェーオ

อีเมล：E メール　イーメーオ

1 ① **2** ② **1** ③ **2** ④ **2**

タイ語の語順は基本的に「主語＋述語」になっています。また修飾語は主要語の後ろに置きます。

（➡ 第2章 レッスン1〜3）

① アーハーンタイ アロイ
อาหารไทยอร่อย 「主語＋述語」
ʔaahǎan thay ʔarɔ̀y

② ワンナユック ヤーク
วรรณยุกต์ยาก 「主語＋述語」
wannayúk yâak

③ クロープクルア コーン ポム
ครอบครัวของผม 「主要語＋修飾語」
khrɔ̂ɔpkhrua khɔ̌ɔŋ phǒm

④ プラトゥー アッタノーマット サドゥアック
ประตูอัตโนมัติสะดวก 「主語＋述語」
pratuu ʔàttanoomát sadùak

2 ① **2** ② **3** ③ **3** ④ **1** （➡ 総復習）

① タム ガーン
ทำงาน 仕事する
tham ŋaan

② キン カーオ
กินข้าว ご飯を食べる
kin khâaw

③ ドゥーム カーフェー
ดื่มกาแฟ コーヒーを飲む
dùɯm kaafɛɛ

④ キィアン ティー ユー
เขียนที่อยู่ 住所を書く
khǐan thîiyùu

3 ① **1** ② **2** ③ **2** ④ **1**

（➡ 第2章 レッスン10）

① サームスィップチェット
37 = **๓๗**

③ イースィップエット
๒๑ = 21

② スィースィップハー
๔๕ = 45

④ ローイカーオスィップ
๑๙๐ = 190

4 ① **ไม่ใช่** ② **ไม่** ③ **ไม่** ④ **ไม่** ⑤ **ไม่**

名詞文の否定詞は「**ไม่ใช่**」、形容詞文と動詞文の否定詞は「**ไม่**」です。 **（➡ 第2章 レッスン8）**

① 彼は日本人ではありません。「**คนญี่ปุ่น**」は名詞なので否定詞は「**ไม่ใช่**」です。

② 私はお酒を飲みません。「**ดื่ม**」は動詞なので否定詞は「**ไม่**」です。

③ 学生は字がきれいではありません。「**สวย**」は形容詞なので否定詞は「**ไม่**」です。

④ コンピューターは情報を保存しません。「**บันทึก**」は動詞なので否定詞は「**ไม่**」です。

⑤ 寿司は辛くありません。「**เผ็ด**」は形容詞なので否定詞は「**ไม่**」です。

5 ① **นี่** ② **ที่นั่น** ③ **ใบนี้** ④ **๓ ตัว** ⑤ **แต่** ⑥ **อ่านอีเมลแล้ว**

① ニー アライ カ
นี่อะไรคะ
Nîi ʔaray khá?.　　　　　「**นั่น**」=それ

② ティー ナン マイ ミー エー
ที่นั่นไม่มีแอร์
Thîi nân mây mii ʔɛɛ.　　「**ที่นี่**」=ここ

③ クラパオ バイ ニー スアイ
กระเป๋าใบนี้สวย
Krapǎw bai níi sǔay.　「**คัน**」は車の類別詞です。

④ ディチャン リィアン メーオ サーム トゥア
ดิฉันเลี้ยงแมว ๓ ตัว
Dichán líaŋ mɛɛw sǎam tua.　「**อัน**」=個

⑤ ミーグン テェー マイミー ウェーラー
มีเงิน แต่ไม่มีเวลา
Mii ŋən tɛ̀ɛ mây mii weelaa.
「**และ**」=と、そして

⑥ カオ アーン イーメーオ レェーオ
เขาอ่านอีเมลแล้ว
Kháw ʔàan ʔii-meew(l) lɛ́ɛw.
「**จะ**」は基本的にこれからすることを示します。

第3章

タイ語 の フレーズ

レッスン 1

ていねいな文末表現

「〜です / 〜ます」

「ค่ะ」(khâ?) / 「ครับ」(khráp)

　会話文の文末に、文末修飾語「ค่ะ」(khâ?)または「ครับ」(khráp)を付けると、文がよりていねいになります。あらたまった場面や目上の人と話すときは、文末に女性話者は「ค่ะ」、男性話者は「ครับ」を付けて話すのが礼儀です。

　女性話者の「ค่ะ」(khâ?)は、疑問文、呼びかけ文、そして日本語の「ね」にあたる終助詞「นะ」(ná?)のあとに置くと、声調が「ค่ะ」(khá?)に変化します。男性話者の「ครับ」は、どんな文に付けても綴りも発音も変わりません。

（女性話者）　文　+　 ค่ะ/คะ(khâ?/khá?)

（男性話者）　文　+　 ครับ(khráp)

女性話者

私はタイ人ではありません。

ディチャン	マイ	チャイ	コンタイ	カ
Dichán	mây	châi	khon thay	khâ?.

ดิฉันไม่ใช่คนไทยค่ะ

「ดีนะคะ/ครับ」(Dii ná? khá?/khráp.) は「いいですね」という意味です。

男性話者

こんにちは。私はメーキンと申します。

サワッディー	クラップ	ボム	チュー	メーキン	クラップ
Sawàtdii	khráp.	Phǒm	chûɯ	Mee-khin	khráp.

สวัสดีครับ ผมชื่อเมฆินทร์ครับ

書いてみよう

発音を確認しながら、次の文を書いてみましょう。

こんにちは。　私はエミと申します。

サワッディー　カ　　　ディチャン　　チュー　エーミ　　カ
Sawàtdii　　khâ?.　　Dichán　　chûɯ　?eemí?　khâ?.

สวัสดีค่ะ ดิฉันชื่อเอมิค่ะ

สวัสดีค่ะ ดิฉันชื่อเอมิค่ะ

タイ人は、家族や友達同士で使う「ชื่อเล่น(chûɯ lên)、つまりニックネームを持っています。改まった場面でなければ、普段ニックネームを言って自己紹介します。

こんにちは。　私はメーキンと申します。

サワッディー　　クラップ　　　ポム　チュー　メーキン　　　　クラップ
Sawàtdii　　khráp.　　Phǒm　chûɯ　Mee-khin　　khráp.

สวัสดีครับ ผมชื่อเมฆินทร์ครับ

สวัสดีครับ ผมชื่อเมฆินทร์ครับ

先生、質問(の意味)がわかりません。

アーチャーン　　カ　　　マイ カオチャイ　　　カムターム　　　カ
?aacaan　　khá?.　　Mây khâwcai　　khamthǎam　　khâ?.

อาจารย์คะ ไม่เข้าใจคำถามค่ะ

อาจารย์คะ ไม่เข้าใจคำถามค่ะ

レッスン 2

職業と出身を伝える表現

「〜は〜です」「〜から来ました」
「เป็น 〜」(pen) /「มาจาก 〜」(maa càak)

「เป็น〜（〜である）」(pen) に職業を付けて、さらに「มาจาก〜（〜から来た）」(maa càak) の文型を付け加えると、簡単に自己紹介ができます。「มา」(maa) は「来る」、前置詞「จาก」(càak) は「〜から」の意味です。「มาจาก」(maa càak) の後には場所（地名）を置きます。

主語 + เป็น(pen) + 職業 + มาจาก(maa càak) + 場所（地名）

私（男）は 公務員 です。東京 から 来ました。

Phǒm	pen	khâarâatchakaan.	Maa	càak	Tookiaw.

ผมเป็นข้าราชการ มาจากโตเกียว

私（女）は 学生 です。秋田 から 来ました。

Dichán	pen	náksùksǎa.	Maa	càak	?aakità?.

ดิฉันเป็นนักศึกษา มาจากอากิตะ

主語とていねいな文末表現の省略

短い文が続く場合、主語は同じであれば、最初の文だけで主語を述べて、次の文の主語を省くことができます。また文をていねいにする文末表現「ค่ะ」(khâ?) と「ครับ」(khráp) は各文ではなく最後の文だけに付ければ十分です。

書いてみよう
発音を確認しながら、次の文を書いてみましょう。

私（男）は 公務員 です。
ポム　ペン　カーラーッチャカーン
Phǒm pen khâarâatchakaan.

ผมเป็นข้าราชการ

ผมเป็นข้าราชการ

秋田 から 来ました。
マー チャーク　アーキタ
Maa càak ?aakità?.

มาจากอากิตะ

มาจากอากิตะ

こんにちは。私（男）は マコト と申します。
サワッディー クラップ　ポム　チュー　マーコート
Sawàtdii khráp. Phǒm chɯ̂ɯ Maakootò?.

สวัสดีครับ ผมชื่อมาโกโตะ

สวัสดีครับ ผมชื่อมาโกโตะ

会社員 です。
ペン　パナックガーン ボーリサット
Pen phanákŋaan bɔɔrisàt.

เป็นพนักงานบริษัท

เป็นพนักงานบริษัท

> この一連の4つの文の場合、最初のあいさつ文と最後の文にていねいな文末表現が付いています。

東京 から 来ました。
マー　チャーク　トーキィアオ　クラップ
Maa càak Tookiaw khráp.

มาจากโตเกียวครับ

มาจากโตเกียวครับ

125

レッスン 3

好みを表す表現

「～好きです」

「ชอบ ～」(chɔ̂ɔp)
チョープ

好みを伝えるとき、動詞「ชอบ～（～好きだ）」(chɔ̂ɔp)を使います。「ชอบ」の後ろに、対象となる名詞もしくは動詞を置きます。否定文を作る場合は「ชอบ」の前に「ไม่」(mây)を置きます。強調したい場合は、「มาก（とても）」(mâak)を述部の後ろに置いて、「ชอบ～มาก（～大好きだ）」(chɔ̂ɔp mâak)という形になります。

ชอบ(chɔ̂ɔp) **+** 名詞／動詞
チョープ

タイ料理が好きです。

Chɔ̂ɔp ?aahǎan thay.
チョープ　アーハーン　タイ

ชอบอาหารไทย

パクチーが好きではありません。

Mây chɔ̂ɔp phàkchii.
マイ　チョープ　パックチー

ไม่ชอบผักชี

タイ料理を作るのが好きです。

Chɔ̂ɔp tham ?aahǎan thay.
チョープ　タム　アーハーン　タイ

ชอบทำอาหารไทย

> 「タイ料理を作る」(動詞＋名詞)を ชอบ（～好きだ）(chɔ̂ɔp)に続けます。

ニュースを見るのがあまり好きではありません。

Mây khɔ̂y chɔ̂ɔp duu khàaw.
マイ コイ　チョープ　ドゥーカーオ

ไม่ค่อยชอบดูข่าว

プラスアルファ

「あまり好きではない」を伝えるとき、「ชอบ」(chɔ̂ɔp) の前に「ไม่ค่อย」(mây khɔ̂y) を置いて、「ไม่ค่อยชอบ～」(mây khɔ̂y chɔ̂ɔp) という形になります。
マイ コイ チョープ

パパイヤサラダが好きです。

チョープ Chɔ̂ɔp
ソムタム sômtam.

ชอบส้มตำ

ชอบส้มตำ

チャーハンが大好きです。

チョープ Chɔ̂ɔp
カーオパット khâawphàt
マーク mâak.

ชอบข้าวผัดมาก

ชอบข้าวผัดมาก

エビペースト入り混ぜご飯は好きではありません。

マイ チョープ Mây chɔ̂ɔp
カーオ・クルッカピ khâaw-khlúkkapiʔ.

ไม่ชอบข้าวคลุกกะปิ

ไม่ชอบข้าวคลุกกะปิ

調理法によく使う動詞を知っておきましょう。
คลุก (khlúk) かき混ぜる
クルック
ต้ม (tôm) 煮る
トム
ทอด (thɔ̂ɔt) 揚げる
トート
ผัด (phàt) 炒める
パット
ย่าง (yâaŋ) 焼く
ヤーン

あなたの好きなタイ料理は何ですか。

アーハーン タイ ʔaahǎan thay
クン khun
チョープ chɔ̂ɔp
キン kin
アライ ʔaray
カ kháʔ.

อาหารไทยคุณชอบกินอะไรคะ

อาหารไทยคุณชอบกินอะไรคะ

※直訳は「タイ料理、あなたは何を食べるのが好きですか。」になります。

1章 タイ文字と発音　2章 タイ語の文法　3章 タイ語のフレーズ

レッスン 4

複数の動作を表す表現

「〜してから、それから」

「แล้วก็ 〜」(lέɛwkɔ̂ɔ)
（レェーオ・コー）

動作を2つ以上順番に述べるとき、「それから」を意味する接続詞「แล้วก็」(lέɛwkɔ̂ɔ)を使って動作を羅列できます。動作が3つ以上あった場合は原則として最後の動作の前に「แล้วก็」を置きます。「แล้วก็」は動作の完了を表す修飾語「แล้ว」(lέɛw)と接続詞「ก็」(kɔ̂ɔ)で構成され、「ก็」を省略して「แล้ว」だけで使われることもあります。

接続詞「และ」(lέʔ)に似ていますが、「และ」が単に動作を一つずつ羅列するのに対して、「แล้วก็」には前の動作が終わってから、次の動作が起きるニュアンスがあります。

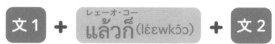

シャワーを浴びました。それから寝ます。

?àap náam, แล้วก็ นอน
アーブ ナーム　　　レェーオ・コー　　ノーン

> อาบน้ำ(?àap náam)で「シャワーを浴びる」の意味です。

気をつけよう

「แล้วก็ (lέɛwkɔ̂ɔ)」（それから）の節に主題あるいは主語があった場合、基本的にそれを「แล้ว」と「ก็」の間に置きます。

เมื่อวานนี้คิด ก็ทำ 昨日考えました。それから今日やります。
ムーアワーン ニー キット レェーオ ワンニー コー タム

Mûawaannii khít, lέɛw wanníi kɔ̂ɔ tham.

128

書いてみよう
発音を確認しながら、次の文を書いてみましょう。

シャワーを浴びました。それから寝ます。

アープ ナーム
ʔàap náam,

レェーオ・コー
lɛ́ɛwkɔ̂ɔ

ノーン
nɔɔn.

อาบน้ำ แล้วก็นอน

อาบน้ำ แล้วก็นอน

日本語「温泉に入る」はタイ語で「แช่ออนเซน」(chɛ̂ɛ ʔɔnsen) になります。「แช่」(chɛ̂ɛ) は水に浸かるという意味です。日本文化が広く知られ、「温泉」という単語もタイ語に流入しました。正式な書き方は「อนเซ็น」ですが、「ออนเซ็น」のほうが普及しています。タイにも温泉が若干あります。有名な所は、チェンマイ県やラノーン県の温泉です。

昨日考えました。それから今日やります。

ムーアワーン ニー
Mûawaan níi

キット
khít

レェーオ
lɛ́ɛw

ワンニー
wanníi

コー タ ム
kɔ̂ɔ tham.

เมื่อวานนี้คิด แล้ววันนี้ก็ทำ

เมื่อวานนี้คิด แล้ววันนี้ก็ทำ

会議に出ます。それから、物を買いに行きます。

チャ
Ca

プラチュム
prachum.

レェーオ・コー
Lɛ́ɛwkɔ̂ɔ

チャ バイ スー
ca pay sɯ́ɯ

コーン
khɔ̆ɔŋ

クラップ
khráp.

จะประชุม แล้วก็จะไปซื้อของครับ

จะประชุม แล้วก็จะไปซื้อของครับ

レッスン 5

希望を表す表現

「～したいです」

「อยากจะ ～」(yàakcà?)
ヤークチャ

希望を表すとき、「อยากจะ～(～したい)」(yàakcà?)の後に動詞を置きます。文中で「จะ」は「ca」と平声で発音されますが、よく省略され、「อยาก～」の形でも使えます。「อยาก～」の後に動詞「ได้(手に入れる)」(dâay)を置き、「ほしい」という意味の「อยากได้」(yàakdâay)がよく使われます。また否定形は「ไม่อยาก」(mây yàak)になります。

อยากจะ(yàakcà?) + 動詞
ヤーク チャ

ムエタイ（タイボクシング）を見たいです。

Yàak ca duu muaythay.
ヤーク チャ ドゥー ムアイタイ

อยากจะดูมวยไทย

何がほしいですか。

Yàak dâay ?aray.
ヤーク ダーイ アライ

อยากได้อะไร

―腕時計がほしいです。

Yàak dâay naalikaa-khɔ̂ɔmɯɯ.
ヤーク ダーイ ナーリカー・コームー

―อยากได้นาฬิกาข้อมือ

「มวยไทย」(muay thay) は両手、両肘、両膝、そして両足を8つの武器にするタイの格闘技です。昔、頭も武器の一つとして扱っていましたが、現在は使わなくなりました。様々な技がありますが、よく知られる技の一つは、「จระเข้ฟาดหาง」(cɔɔra-khêe fâat hǎaŋ)で、直訳すると、「ワニはしっぽを打つ」という意味です。ワニの動き「しっぽ蹴り」にちなんで、後ろ回し蹴りを指します。

書いてみよう

発音を確認しながら、次の文を書いてみましょう。

お土産を買いたいです。

ヤーク　　　　　　チャ　　　スー　　　コーン ファーク
Yàak　　　　　　ca　　　sɯ́ɯ　　khɔ̌ɔŋfàak.

อยากจะซื้อของฝาก

อยากจะซื้อของฝาก

タイのお土産を買いたくなったとき、一番便利な場所はスーパーです。スーパーは通常デパートの中に入っています。またバンコクにある「ตลาดนัดจตุจักร（チャトゥチャック・ウィークエンドマーケット）」(talàatnát càtucàk) もお土産を買う場所として有名です。
（タラート ナット チャトゥチャック）

エメラルド寺院へ遊びに行きたいです。

ヤーク　　チャ　　バイ ティアオ　　　　　　ワット プラケェーオ　　　　　クラップ
Yàak　　ca　　pay thîaw　　　　　wát phrákɛ̂ɛw　　　　　khráp.

อยากจะไปเที่ยววัดพระแก้วครับ

อยากจะไปเที่ยววัดพระแก้วครับ

オンラインで勉強したくないです。

マイ ヤーク　　　　　　　リィアン　　　　　オーンラーイ
Mây yàak　　　　　　rian　　　　　ʔɔɔnlaay.

ไม่อยากเรียนออนไลน์

ไม่อยากเรียนออนไลน์

オーンラーイ
「ออนไลน์」(ʔɔɔn laay) は2音節の単語で、どれも長音で発音します。特に「ออน」は「ออนเซ็น（温泉）」(ʔɔnsen) の「ออน」と同じ綴りですが、発音が違います。
オーン　　　　オン セン

131

レッスン 6

試しにする行動を伝える表現

「〜してみる」

「ลอง 〜 ดู」(lɔɔŋ 〜 duu)
ローン　　　ドゥー

初めて体験する、または結果を確認するため行動するとき、「ลอง〜ดู」(lɔɔŋ〜duu)を使います。「ลอง〜ดู」は「ลอง〜(試しに)」と「ดู(見る)」で構成され、「ลอง」の後に動詞を置いて「〜してみる」という意味を表します。

ลอง(lɔɔŋ) ＋ 動詞 ＋ ดู(duu)
ローン　　　　　　　　　　ドゥー

※「ลอง」または「ดู」は省略できるので、「動詞＋ดู」もしくは「ลอง＋動詞」でも表現できます。

ลอง(lɔɔŋ) ＋ 動詞　　　動詞 ＋ ดู(duu)
ローン　　　　　　　　　　　　　　　　ドゥー

聞いてみます。

Lɔɔŋ thǎam duu.
ローン　ターム　ドゥー

ลองถามดู

書いてみます。

Lɔɔŋ khǐan.
ローン　キィアン

ลองเขียน

カーオニャオ・マムアンを食べてみませんか。

Lɔɔŋ kin khâawnǐaw mamûaŋ duu máy.
ローン　キン　カーオニィアオ・マムアン　　　ドゥーマイ

ลองกินข้าวเหนียวมะม่วงดูไหม

※「ข้าวเหนียว」はもち米、「มะม่วง」はマンゴーで、もち米にココナッツミルクを入れて甘くして、マンゴーと一緒に食べるデザートです。
カーオニィアオ　　　　マムアン

文末疑問詞「ไหม」は相手を誘うときにも使えます。
マイ

書いてみよう　発音を確認しながら、次の文を書いてみましょう。

聞いてみます。

ローン	ターム	ドゥー
Lɔɔŋ	thǎam	duu.

ลองถามดู

ลองถามดู

味見をしてみました。　辛くないです。

チム	ドゥー レェーオ	マイ ペット
Chim	duu lɛ́ɛw,	mây phèt.

ชิมดูแล้ว ไม่เผ็ด

ชิมดูแล้ว ไม่เผ็ด

三輪タクシーに乗ってみたいです。

ヤーク	ローン	ナン	ロット トゥックトゥック	ドゥー
Yàak	lɔɔŋ	nâŋ	rót túk-túk	duu.

อยากลองนั่งรถตุ๊ก ๆ ดู

อยากลองนั่งรถตุ๊ก ๆ ดู

エンジンの擬音語から転じた「ตุ๊ก ๆ」(túk-túk) という呼び方は日常的に使う単語ですが、正式な呼び名は「สามล้อเครื่อง」(sǎamlɔ́ɔ-khrɯ̂aŋ)です。1960年に日本のメーカーが生産した三輪車を輸入したことがきっかけで生まれた「トゥクトゥク」は現在タイ国内でも生産され、普及しています。

カーオニャオ・マムアンを食べてみませんか。

ローン	キン	カーオニィアオ・マムアン	ドゥー マイ
Lɔɔŋ	kin	khâawnǐaw mamûaŋ	duu máy.

ลองกินข้าวเหนียวมะม่วงดูไหม

ลองกินข้าวเหนียวมะม่วงดูไหม

※「けっこうです」とていねいにお断りするときは、ไม่เป็นไร(ค่ะ/ครับ)(大丈夫です)と言います。

133

レッスン 7

能力を表す表現

「～できる・できない」

「ได้/ไม่ได้」(dâay / mây dâay)

能力を伝える表現で一番よく使われるのは「ได้」(dâay) です。動詞の後に置いて、「～ができる」という意味を表します。目的語がある場合は、目的語の後に置きます。否定するときは、「ได้」の前に「ไม่」(mây) を置くと「～ができない」の意味になります。

「ได้」は能力だけでなく、ある行動が状況や条件などによって起きうるかどうか、つまり許可・不許可についても使えます。

動詞 ＋ （目的語） ＋ ได้/ไม่ได้(dâay/mây dâay)

タイ語を話せます。

プート　　　パーサーサタイ　　　　　ダーイ
Phûut　　phaasǎathay　　　dâay

พูดภาษาไทยได้

写真を撮ることができます。

ターイ　　　ループ　　ダーイ
Thàay　　rûup　　dâay

ถ่ายรูปได้

明日用事があります。　行けません。

プルンニー　　ミー　トゥラ　　　　パイ　　マイ ダーイ
Phrûŋníi　mii thúrá?,　pay　mây dâay.

พรุ่งนี้มีธุระ ไปไม่ได้

※「ได้」の質問文には、「ได้/ไม่ได้」または「述語 + ได้/ไม่ได้」で答えます。例えば、「พูดภาษาไทยได้ไหม」に対して、「(พูด)ได้/ไม่ได้」(話すことが)できる/できない」と答えます。

「だめです」と言いたいとき

日本語の表現「だめです」に相当するタイ語は、都合や許可の場合、「ไม่ได้」 (mâydâay)です。物の状態や質について「だめです」と言いたいときは、「ใช้ไม่ได้」(chái mâydâay) という表現を使います。直訳は「使えない」です。例えば、「このペンはだめです。」は「ปากกาด้ามนี้ใช้ไม่ได้」(Pàakkaa dâam níi chái mâydâay.) と言います。インクがなくなった、使いにくいなど、質のことが考えられます。

明日用事があります。行けません。

プルンニー	ミー トゥラ	パイ	マイ ダーイ
Phrûŋníi	mii thúráʔ,	pay	mây dâay.

พรุ่งนี้มีธุระ ไปไม่ได้

พรุ่งนี้มีธุระ ไปไม่ได้

便利な時系列を表す単語をま
とめましょう。

วันนี้ (wanníi) 今日
เมื่อวานนี้ (mûawaanníi) 昨日
พรุ่งนี้ (phrûŋníi) 明日

ここで写真を撮ってもいいですか。　だめです。

ターイ	ループ ティーニー	ダーイ マイ	マイ ダーイ
Thàay	rûup thîinîi	dâay máy.	Mây dâay.

ถ่ายรูปที่นี่ได้ไหม ไม่ได้

ถ่ายรูปที่นี่ได้ไหม ไม่ได้

パクチーを食べられますか。　食べられます。

キン	パックチー	ダーイ マイ	カ	キン	ダーイ	クラップ
Kin	phàkchii	dâay máy	kháʔ.	Kin	dâay	khráp.

กินผักชีได้ไหมคะ กินได้ครับ

กินผักชีได้ไหมคะ กินได้ครับ

依頼する表現

「〜てください」

「ช่วย 〜 หน่อย」(chûay 〜 nòy)
チュアイ　ノイ

相手に頼むとき、文頭に「ช่วย」(chûay)を置いて、次に、してほしい内容を述べます。
「ช่วย」は「助ける、手伝う」という意味で、表現をやわらげるために、最後に「少し、ちょっと」という意味の副詞「หน่อย」(nòy)を付けます。動詞で始まるタイ語の文は命令にも聞こえるので、「できますか」の意味の「ได้ไหม」(dâay máy)を付けて疑問文にすると、よりていねいに聞こえます。

ช่วย(chûay) ＋ 動詞 ＋ หน่อย(nòy)
チュアイ　　　　　　　　　　ノイ

住所を書いてください。

Chûay　khĭan　thîiyùu　nòy.
チュアイ　キィアン　ティーユーノイ

ช่วยเขียนที่อยู่หน่อย

> タイでは住所を書き表す順序が日本と逆で、小さな単位から始めます。つまり、番地・丁、通り、町村、区・市、そして県という順に書きます。県に続いて、最後に郵便番号を書きます。

道を教えていただけませんか。

Chûay　bɔ̀ɔk　thaaŋ　nòy　dâay máy.
チュアイ　ボーク　ターン　ノイ　ダーイ マイ

ช่วยบอกทางหน่อยได้ไหม

シートベルトを締めてください。

Karunaa　khâat　khĕmkhàt-níráphay.
カルナー　カート　ケムカット・ニラパイ

กรุณาคาดเข็มขัดนิรภัย

> 駅のアナウンスなどあらたまった場面では「ช่วย」の代わりに「กรุณา」(karunaa)や「โปรด」(pròot)を使うことが多いです。

書いてみよう

発音を確認しながら、次の文を書いてみましょう。

道を教えていただけませんか。

| チュアイ | ボーク | ターン | ノイ | ダーイ マイ | クラップ |
| Chûay | bɔ̀ɔk | thaaŋ | nɔ̀y | dâay máy | khráp. |

ช่วยบอกทางหน่อยได้ไหมครับ

ช่วยบอกทางหน่อยได้ไหมครับ

ゆっくり話してください。

| チュアイ | プート | チャー チャー | ノイ | カ |
| Chûay | phûut | cháa cháa | nɔ̀y | khâ?. |

ช่วยพูดช้า ๆ หน่อยค่ะ

ช่วยพูดช้า ๆ หน่อยค่ะ

相手の話すスピード
が速くて聞き取れな
いときに、この表現
を使ってみましょう。

電話番号を記入してください。

| カルナー | クローク | マーイレーク・トーラサップ |
| Karunaa | krɔ̀ɔk | mǎaylêek-thoorasàp. |

กรุณากรอกหมายเลขโทรศัพท์

กรุณากรอกหมายเลขโทรศัพท์

料理を注文する表現

「〜をください」

「ขอ 〜」(khɔ̌ɔ)

　「ขอ〜」(khɔ̌ɔ)は「〜をください」の意味で、「ขอ」の後に名詞を置くと、それがほしいことを伝えられます。一般的な依頼文と同様に文末に「หน่อย」(nɔ̀y)を付けて表現をやわらげます。屋台やレストランで注文するときは「ขอ＋料理名」で表現しますが、料理名がわからなかったら、「อันนี้(これ、直訳は［この個］)」(ʔan níi)や「อันนั้น(それ、直訳は［その個］)」(ʔan nán)を使っても十分伝わります。

　数を伝える場合は求めている物の後に数字と類別詞を付けます。

$$\boxed{ขอ(khɔ̌ɔ)} + \boxed{名詞（料理名／物）} + \boxed{หน่อย(nɔ̀y)}$$

メニューをください。

コー	メーヌー	ノイ
Khɔ̌ɔ	meenuu	nɔ̀y.

ขอเมนูหน่อย

> 「ขอ」より少しくだけた「求める、いる」の意味の「เอา」(ʔaw)も日常的によく使います。

これをください。それはいりません。

アオ	アンニー	マイ	アオ	アンナン
ʔaw	ʔan níi,	mây	ʔaw	ʔan nán.

เอาอันนี้ ไม่เอาอันนั้น

パッタイを1つ、オレンジジュースを1杯ください。

コー	パットタイ	ヌン	ティー	ナムソム	ヌン	ケーオ
Khɔ̌ɔ	phàt-thay	nɯ̀ŋ	thîi,	námsôm	nɯ̀ŋ	kɛ̂ɛw.

ขอผัดไทย ๑ ที่ น้ำส้ม ๑ แก้ว

「ที่」はさまざまな意味を持つ単語です。類別詞としても使われ、料理を注文するとき、「〜人前」という意味を表します。

◀ **書いてみよう** 発音を確認しながら、次の文を書いてみましょう。

メニューをください。

コー	メーヌー	ノイ
Khɔ̌ɔ	meenuu	nɔ̀y.

ขอเมนูหน่อย

ขอเมนูหน่อย

お水をください。

コー	ナーム	ノイ
Khɔ̌ɔ	náam	nɔ̀y.

ขอน้ำหน่อย

ขอน้ำหน่อย

これをください。

アオ	アン ニー
ʔaw	ʔan níi.

เอาอันนี้

เอาอันนี้

それはいりません。

マイ アオ	アン ナン
Mây ʔaw	ʔan nán.

ไม่เอาอันนั้น

ไม่เอาอันนั้น

会話例

レストランで、店員さんが注文を聞くためによく、こう聞いてきます。

チャ ラップ アライ ディー カ

จะรับอะไรดีคะ

何になさいますか。（直訳：何を受け取ったらよろしいですか。）

Ca ráp ʔaray dii khá?.

ケーニー クラップ

ほしいものを答えたあと、「**แค่นี้ครับ** (Khɛ̂ɛníi khráp.) 以上です。（直訳：これだけです。）」
と言うといいでしょう。

レッスン 10

位置・存在を聞く表現

「〜はどこですか」

「〜 อยู่ที่ไหน」(yùu thîinǎy)

　人や行きたい場所などの位置・存在を尋ねるとき、「〜はどこにありますか／いますか」を意味する「อยู่ที่ไหน(yùu thîinǎy)」を使います。「อยู่」は存在を示す動詞の一つ（第2章レッスン7）で、「ที่ไหน」は「どこ」という意味の疑問詞です。会話では「ที่」は省略されることがあります。

　また知らない人に尋ねるときは、礼儀として「ขอโทษค่ะ/ครับ（すみません）」(khɔ̌ɔthôot khâ?/khráp) と言ってから質問します。

名詞（人／場所／物） ＋ อยู่ที่ไหน(yùu thîinǎy)

駅はどこですか。

Sathǎanii yùu thîinǎy.

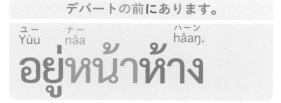
สถานีอยู่ที่ไหน

上の疑問文の、ที่ไหんの部分に、前置詞＋場所が来て、答えの文になります。

デパートの前にあります。

Yùu nâa hâaŋ.

อยู่หน้าห้าง

すみません、トイレはどこですか。

Khɔ̌ɔthôot khâ?. Hɔ̂ŋnáam yùu thîinǎy khá?.

ขอโทษค่ะ ห้องน้ำอยู่ที่ไหนคะ

※映画館や公園などの公共施設にあるお手洗いの看板には「ห้องน้ำ」(hɔ̂ŋnáam) と表記されていない所が多いです。その代わり、同じ意味で、「สุขา」(sù-khǎa) と書いてあります。会話にほとんど出てきませんが、お手洗いを探すときに必要かもしれないので、タイ語「สุขา」も覚えておけば便利です。

駅はどこですか。　　　　　　デパートの前にあります。

サターニー	ユー	ティーナイ	ユー	ナー	ハーン
Sathǎanii	yùu	thîinǎy.	Yùu	nâa	hâaŋ.

สถานีอยู่ที่ไหน อยู่หน้าห้าง

สถานีอยู่ที่ไหน อยู่หน้าห้าง

すみません、トイレはどこですか。

コートート	カ	ホンナーム	ユー	ティーナイ	カ
Khɔ̌ɔthôot khâʔ.		Hɔ̂ŋnáam	yùu	thîinǎy	kháʔ.

ขอโทษค่ะ ห้องน้ำอยู่ที่ไหนคะ

ขอโทษค่ะ ห้องน้ำอยู่ที่ไหนคะ

スーパーはどこですか。

スーパーマーケット	ユー	ティーナイ
Suupêə-maakêt	yùu	thîinǎy.

ซูเปอร์มาร์เกตอยู่ที่ไหน

ซูเปอร์มาร์เกตอยู่ที่ไหน

書き方は
「ซูเปอร์มาร์เกต」
「ซูเปอร์มาร์เก็ต」
と2種類ありますが、
発音は同じです。しか
し日常的に口語的な発
音「súppêə-maakêt」
のほうがよく使われ
ます。（音声あり）

141

コラム

「～がほしい」という意味を表す２つの表現

買い物をするとき、「～がほしい」という表現を知っていると便利です。

タイ語には「～ほしい」という意味の表現が２つあります。

「อยากได้ ～」(yàak dâay) と「อยากมี ～」(yàak mii) はどちらも「～ほしい」と訳しますが、

ニュアンスが異なるので使い分けを理解しておきましょう。

どちらの表現にも含まれている「อยาก」(yàak) は、希望を表すときに使う語です。

「ได้ ～」(dâay) は「手に入れる、得る」という意味で、

「มี」(mii) は「持っている」という意味を表します。

つまり、瞬間的に何か手に入れたい、

あるいは何か与えられたいというときには「อยากได้ ～」を使います。

そのため、基本的にお店で何か購入したいとき、店員に希望を伝えるには「อยากได้ ～」を使います。

白いシャツがほしいです。

ヤーク　ダーイ　スーア　スィー　カーオ

อยากได้เสื้อสีขาว
Yàak dâay sûa sǐi khǎaw.
ほしい　シャツ　白色

お水がほしいです。

ヤーク　ダーイ　ナーム

อยากได้น้ำ
Yàak dâay náam.
ほしい　水

一方、何か長期的に所有したい、あるいは努力して何か獲得したいというときには、

「อยากมี ～」を使います。

お金がほしいです。

ヤーク　ミー　グン

อยากมีเงิน
Yàak mii ŋən.
ほしい　お金

子どもがほしいです。

ヤーク　ミー　ルーク

อยากมีลูก
Yàak mii lûuk.
ほしい　子ども

同じ名詞と組み合わせて使ったときでも、ニュアンスは異なります。具体的な例文で確かめておきましょう。

きれいな家がほしいです。

ヤーク　ダーイ　バーン　スアイ　スアイ

อยากได้บ้านสวย ๆ

Yàak dâay bâan sǔay sǔay.
ほしい　　家　きれいな

きれいな家がほしいです。

ヤーク　ミー　バーン　スアイ　スアイ

อยากมีบ้านสวย ๆ

Yàak mii bâan sǔay sǔay.
ほしい　　家　きれいな

練習問題

第3章で学んだタイ語の
基本的な表現を復習しましょう。

1 （　）の中から<u>下線部</u>の日本語に合うものを選びましょう。

---

① 私は<u>学生です</u>。　　　　　　　　　　　　　　　　　　　　　　　　　（➡レッスン1）

<ruby>ผม<rt>ポム</rt></ruby> （<ruby>เป็น<rt>ペン</rt></ruby><ruby>นักศึกษา<rt>ナックスックサー</rt></ruby><ruby>ครับ<rt>クラップ</rt></ruby> / <ruby>เป็น<rt>ペン</rt></ruby><ruby>นักศึกษา<rt>ナックスックサー</rt></ruby><ruby>ค่ะ<rt>カ</rt></ruby>）

Phǒm　pen　náksùksǎa　khráp.　　　pen　náksùksǎa　khâ?.

---

② 日本は<u>寒いですか</u>。　　　　　　　　　　　　　　　　　　　　　　　（➡レッスン1）

<ruby>ญี่ปุ่น<rt>イープン</rt></ruby> （<ruby>หนาว<rt>ナーオ</rt></ruby><ruby>ไหม<rt>マイ</rt></ruby><ruby>ค่ะ<rt>カ</rt></ruby> / <ruby>หนาว<rt>ナーオ</rt></ruby><ruby>ไหม<rt>マイ</rt></ruby><ruby>คะ<rt>カ</rt></ruby>）

Yîipùn　　nǎaw　máy　khâ?.　　nǎaw　máy　khá?.

---

③ 先生は日本人で秋田県<u>から</u>来ました。　　　　　　　　　　　　　　　（➡レッスン2）

<ruby>อาจารย์<rt>アーチャーン</rt></ruby><ruby>เป็น<rt>ペン</rt></ruby><ruby>คน<rt>コン</rt></ruby><ruby>ญี่ปุ่น<rt>イープン</rt></ruby> <ruby>มา<rt>マー</rt></ruby> （<ruby>จาก<rt>チャーク</rt></ruby> / <ruby>ที่<rt>ティー</rt></ruby>） <ruby>อากิตะ<rt>アーキタ</rt></ruby>

?aacaan　　pen　khon　yîipùn　　maa　càak　　thîi　?aakità?.

---

④ 和食が<u>好き</u>です。　　　　　　　　　　　　　　　　　　　　　　　　（➡レッスン3）

（<ruby>ชอบ<rt>チョープ</rt></ruby> / <ruby>อยาก<rt>ヤーク</rt></ruby>） <ruby>อาหาร<rt>アーハーン</rt></ruby><ruby>ญี่ปุ่น<rt>イープン</rt></ruby><ruby>ครับ<rt>クラップ</rt></ruby>

Chɔ̂ɔp　Yàak　?aahǎan　yîipùn　khráp.

---

⑤ チャーハン<u>と</u>トムヤムクンを食べました。　　　　　　　　　　　　　（➡レッスン4）

<ruby>กิน<rt>キン</rt></ruby><ruby>ข้าวผัด<rt>カーオパット</rt></ruby> （<ruby>แล้ว<rt>レェーオ</rt></ruby> / <ruby>และ<rt>レ</rt></ruby>） <ruby>ต้มยำกุ้ง<rt>トムヤムクン</rt></ruby>

Kin　khâawphàt　lɛ́ɛw　lɛ?　tômyamkûŋ.

---

2 （ ）の中から**下線部**の日本語に合うものを選びましょう。

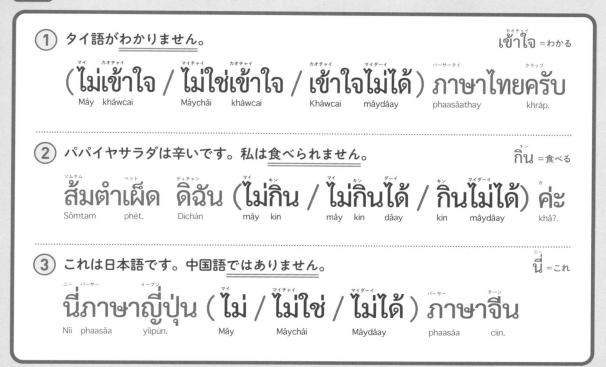

① タイ語がわかりません。

เข้าใจ ＝わかる

(ไม่เข้าใจ / ไม่ใช่เข้าใจ / เข้าใจไม่ได้) ภาษาไทยครับ
Mây khâwcai / Mâychâi khâwcai / Khâwcai mâydâay phaasǎathay khráp.

② パパイヤサラダは辛いです。私は食べられません。

กิน ＝食べる

ส้มตำเผ็ด ดิฉัน (ไม่กิน / ไม่กินได้ / กินไม่ได้) ค่ะ
Sômtam phèt. Dichán mây kin / mây kin dâay / kin mâydâay khâ?.

③ これは日本語です。中国語ではありません。

นี่ ＝これ

นี่ภาษาญี่ปุ่น (ไม่ / ไม่ใช่ / ไม่ได้) ภาษาจีน
Nîi phaasǎa yîipùn. Mây / Mâychâi / Mâydâay phaasǎa ciin.

3 次の単語はすべて名詞です。
日本語訳に合うよう動詞を選び、線でつなぎましょう。

① (　　　)รูป （写真を撮る）●　　　　　　　　　● สั่ง

② (　　　)อาหาร （料理を注文する）●　　　　　　　　● นั่ง

③ (　　　)ข่าว （ニュースを読む）●　　　　　　　　● อ่าน

④ (　　　)รถตุ๊ก ๆ （トゥクトゥクに乗る）●　　　　　　● ถ่าย

145

① お名前は何ですか。

<ruby>クン<rt></rt></ruby> <ruby>チュー<rt></rt></ruby> <ruby>アライ<rt></rt></ruby> <ruby>クラップ<rt></rt></ruby>

คุณชื่ออะไรครับ

Khun　　　chûɯ　　　ʔaray　　　khráp.

❶ <ruby>マー<rt></rt></ruby> <ruby>チャーク<rt></rt></ruby> <ruby>イープン<rt></rt></ruby> มาจากญี่ปุ่นค่ะ

❷ <ruby>チュー<rt></rt></ruby> <ruby>ユーカ<rt></rt></ruby> <ruby>カ<rt></rt></ruby> ชื่อยูกะค่ะ

---

② タイの中、あなたはどこが好きですか。

<ruby>ナイ<rt></rt></ruby> <ruby>ムーアンタイ<rt></rt></ruby> <ruby>クン<rt></rt></ruby> <ruby>チョープ<rt></rt></ruby> <ruby>ティーナイ<rt></rt></ruby> <ruby>カ<rt></rt></ruby>

ในเมืองไทย คุณชอบที่ไหนคะ

Nai　mɯaŋthay　　　　khun　　chɔ̂ɔp　　thîi nǎy　　khá?.

❶ <ruby>ワット<rt></rt></ruby> <ruby>プラケェーオ<rt></rt></ruby> <ruby>クラップ<rt></rt></ruby> วัดพระแก้วครับ

❷ <ruby>パイ<rt></rt></ruby> <ruby>マイダーイ<rt></rt></ruby> <ruby>クラップ<rt></rt></ruby> ไปไม่ได้ครับ

---

③ トイレはどこですか。

<ruby>ホンナーム<rt></rt></ruby> <ruby>ユー<rt></rt></ruby> <ruby>ティーナイ<rt></rt></ruby> <ruby>カ<rt></rt></ruby>

ห้องน้ำอยู่ที่ไหนคะ

Hɔ̂ŋnáam　　　　yùu　thîi nǎy　　khá?.

❶ <ruby>ユー<rt></rt></ruby> <ruby>ティーチャン<rt></rt></ruby> <ruby>ターイディン<rt></rt></ruby> <ruby>クラップ<rt></rt></ruby> อยู่ที่ชั้นใต้ดินครับ

❷ <ruby>アーブナーム<rt></rt></ruby> <ruby>レェーオ・コー<rt></rt></ruby> <ruby>ノーン<rt></rt></ruby> <ruby>クラップ<rt></rt></ruby> อาบน้ำ แล้วก็นอนครับ

解答・解説

1 ① ボム ペン ナックスックサー クラップ
ผมเป็นนักศึกษาครับ
Phǒm pen náksùksǎa khráp.
「**ผม**」は男性話者のことを示しているので、ていねい
な文末表現は「**ครับ**」になります。

② イーブン ナーオ マイ カ
ญี่ปุ่นหนาวไหมคะ
Yîipùn nǎaw máy khá?.
女性のていねいな文末表現は「**ค่ะ**」(khâ?) あるいは
「**คะ**」(khá?) ですが、これは疑問文なので、「**คะ**」を
使います。

③ アーチャーン ペン コン イーブン マー チャーク アーキタ
อาจารย์เป็นคนญี่ปุ่น มาจากอากิตะ
?aacaan pen khon yîipùn. Maa càak ?aakità?.
「**จาก**」(〜から) はレッスン2で学びました。「**ที่**」(thîi) (で、に) は第2章レッスン7で学びました。

④ チョープ アーハーン イープン クラップ
ชอบอาหารญี่ปุ่นครับ
Chɔ̂ɔp ?aahǎan yîipùn khráp.
「**ชอบ**」(好き)はレッスン3で学びました。
「**อยาก**」(yàak) (したい) はレッスン5で
学びました。

⑤ キン カーオパット レ トムヤムクン
กินข้าวผัดและต้มยำกุ้ง
Kin khâawphàt lɛ́? tômyamkûŋ.
接続詞「**และ**」は2つ以上のものや動作
をつなげます。第2章レッスン13で学ん
だ「**แล้ว**」(lɛ́ɛw) は、基本的に完了した
ことを示す語です。

---

2 名詞文の否定詞は「**ไม่ใช่**」(mâychâi) で、形容詞文と動
詞文の否定詞は「**ไม่**」(mây) です (➡第2章 レッスン8)。
「**ไม่ได้**」(mâydâay) はできないという意味です (➡第3章レッ
スン7)。

① マイ カオチャイ パーサータイ クラップ
ไม่เข้าใจภาษาไทยครับ
Mây khâwcai phaasǎathay khráp.
「**เข้าใจ**」は動詞なので否定詞は「**ไม่**」です。

② ソムタム ペット ディチャン キン マイダーイ カ
ส้มตำเผ็ด ดิฉันกินไม่ได้ค่ะ
Sômtam phèt. Dichán kin mâydâay khâ?.
できないことを表すので、動詞「**กิน**」に「**ไม่ได้**」をつけます。

③ ニー パーサー イーブン マイチャイ パーサーチーン
นี่ภาษาญี่ปุ่น ไม่ใช่ภาษาจีน
Nîi phaasǎa yîipùn. Mâychâi phaasǎa ciin.
「**ภาษาจีน**」は名詞なので否定詞は「**ไม่ใช่**」です。

---

3 日常的動作に使う動詞の読み書
きを復習しましょう。 (➡総復習)

① ターイ ループ
ถ่ายรูป
thàay rûup 　　写真を撮る

② サン アーハーン
สั่งอาหาร
sàŋ ?aahǎan 　　料理を注文する

③ アーン カーオ
อ่านข่าว
?àan khàaw 　　ニュースを読む

④ ナン ロット トゥック トゥック
นั่งรถตุ๊ก ๆ
nâŋ rót túk túk
　　トゥックトゥックに乗る

---

4 ① ❷ ② ❶ ③ ❶ 質問の意味を理解した上、自然な答えで返事をします。 (➡総復習)

① チュー ユーカ カ
ชื่อยูกะค่ะ
Chûuu Yuukà? khâ?.
ユカと申します。

② ワット プラケーオ クラップ
วัดพระแก้วครับ
Wátphrákɛ̂ɛw khráp.
エメラルド寺院です。
※場所について聞いています。

③ ユー ティーチャン ターイディン クラップ
อยู่ที่ชั้นใต้ดินครับ
Yùu thîi chán tâaidin khráp.
地下にあります。
※場所について聞いています。

巻末付録 イラスト単語集

あいさつと役に立つ表現

M 4_01

あいさつするとき、礼儀として女性は「ค่ะ」(khâ?)、

男性は「ครับ」(khráp) を文末に付けて話します。

話者の性別によっていねいな文末表現が違うので注意してください。

こんにちは
สวัสดีครับ
サワッディー クラップ
Sawàtdii khráp.

こんにちは
สวัสดีค่ะ
サワッディー カ
Sawàtdii khâ?.

胸の前で手を合わせてから
頭を下げる動作は
「ไหว้」(wâay) と言います。
基本的に目上の人に対して、
「ไหว้」をしながら、
この挨拶表現を言います。

※他の表現の文末にも、「ค่ะ/ค่ะ」(khâ?/khá?) か「ครับ」(khráp) を付けて言いましょう。

サワッディー

สวัสดี
Sawàtdii.

こんにちは。

朝昼晩いつでも使える表現です。別れるときにも、「さようなら」という意味で使われます。

インディー ティー ダーイ ルーチャック

ยินดีที่ได้รู้จัก
Yindii thîi dâay rúucàk.

初めまして。

「あなたと知り合うことができて嬉しいです」と直訳できます。初対面のときに使う表現です。日本語の挨拶表現「初めまして」に相当します。

コープクン

ขอบคุณ
Khɔ̀ɔpkhun.

ありがとうございます。

誰にでも使える感謝の気持ちを表す表現です。似たような表現「ขอบใจ」(khɔ̀ɔp cai) がありますが、これは目上の人が目下の人に対して使う表現です。

コー トート

ขอโทษ
Khɔ̌ɔthôot.

すみません。／ごめんなさい。

日常的な会話で使う謝る表現です。駅のアナウンスやビジネス文書など、改まった場面では、「ขออภัย」(khɔ̌ɔ ?aphay) という表現を使います。

サバーイ ディー マイ

สบายดีไหม
Sabaay dii máy.

お元気ですか？

疑問文の形になっているので、女性話者は文末に「ค่ะ」(khâ?) ではなく、「คะ」(khá?) を付けて話します。男性話者のていねいな文末表現「ครับ」(khráp) は変化しません。

サバーイ ディー

สบายดี
Sabaay dii.

元気です。

普段「元気です」という返事が多いですが、実際にあまり元気でない場合、「ไม่ค่อยสบาย」(Mây khôy sabaay.) と返事しても大丈夫です。

ペンアライマイ

เป็นอะไรไหม
Pen ʔaray máy.

大丈夫ですか？

聞かれた場合、特に問題がなければ、「ไม่เป็นไร」(Mâypenray) と答えます。

マイペンライ

ไม่เป็นไร
Mâypenray.

大丈夫。

お礼の言葉や謝罪の言葉に対して言う表現です。

コートート

ขอโทษ
Khɔ̌ɔthôot.

あの、すみません。

謝る表現だけでなく、呼びかける表現としても使われます。

チューカンマイ

เจอกันใหม่
Cəəkan mài.

また会いましょう。

時期は決まっていないが、いつか会うことを期待しているときに使います。

プルンニー チューカン

พรุ่งนี้เจอกัน
Phrûŋníi cəəkan.

また、明日。

「เจอกัน」(cəəkan) の前に「พรุ่งนี้」(phrûŋníi) を置くだけです。

インディー ドゥアイ

ยินดีด้วย
Yindii dûay.

おめでとうございます。

「ยินดี」(yindii) は「喜ぶ、嬉しい」という意味で初対面にも使います。

アンニー タオライ

อันนี้เท่าไร
ʔanníi thâwrày.

これはいくらですか。

「เท่าไร」はいくらという意味です。発音はつづり通りの「thâwray」ではなく、「thâwrày」です。つづりと発音が一致していない単語の一つです。

カ　　　　　クラップ

ค่ะ/ครับ
Khâ? / Khráp.

はい。

マイ カ　　　　マイ クラップ

ไม่ค่ะ/ไม่ครับ
Mây khâ?/Mây khráp.

いいえ。

形容詞述語文と動詞述語文の質問に対する「はい」と「いいえ」として考えられます。例えば、「เผ็ดไหมคะ(辛いですか)」(Phèt máy khá?.) という質問に対して、「ค่ะ (はい)」(Khâ?.) や「ไม่ครับ (いいえ)」(Mây khráp.) などで簡単に答えられます。

チャイ カ　　　　チャイ クラップ

(ใช่) ค่ะ/(ใช่) ครับ
Châi khâ?/ Châi khráp.

そうです（はい）。

マイ　　チャイ カ　　マイ　　チャイ クラップ

ไม่(ใช่)ค่ะ/ไม่(ใช่)ครับ
Mâychâi khâ?/Mâychâi khráp.

違います（いいえ）。

「หรือ」の質問に対して、特に名詞述語文の場合、「はい」と「いいえ」として考えられます。例えば、「คุณเป็นคนญี่ปุ่นหรือครับ (あなたは日本人ですか)」(Khun pen khon yîipùn rǔ̌w khráp.) という質問に対して、「ใช่ค่ะ (はい)」(Châi khâ?.) や「ไม่ใช่ครับ (いいえ)」(Mâychâi khráp.) と答えることができます。

※形容詞述語文と動詞述語文の場合、不自然な答えになりやすいので注意しましょう。また、名詞述語文の質問に対して、「いいえ」と答えるとき、「ใช่」を省略できません。

体 ร่างกาย
ラーンカーイ
râaŋkaay

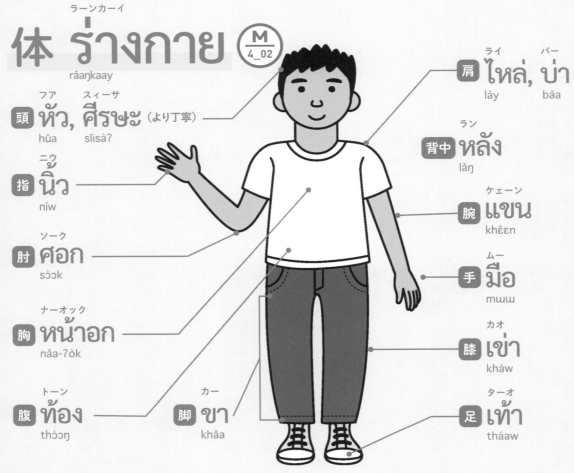

頭 หัว, ศีรษะ (より丁寧)
フア hǔa　スィーサ sǐisà?

指 นิ้ว
ニウ níw

肘 ศอก
ソーク sɔ̀ɔk

胸 หน้าอก
ナーオック nâa-ʔòk

腹 ท้อง
トーン thɔ́ɔŋ

脚 ขา
カー khǎa

肩 ไหล่, บ่า
ライ lày　バー bàa

背中 หลัง
ラン lǎŋ

腕 แขน
ケェーン khɛ̌ɛn

手 มือ
ムー mɯɯ

膝 เข่า
カオ khàw

足 เท้า
ターオ tháaw

顔 หน้า
ナー
nâa

髪 ผม
ポム phǒm

眉 คิ้ว
キウ khíw

目 ตา
ター taa

鼻 จมูก
チャムーク camùuk

耳 หู
フー hǔu

口 ปาก
パーク pàak

首 คอ
コー khɔɔ

性別 เพศ
ペート
phêet

女性 ผู้หญิง
プーイン phûuyǐŋ

男性 ผู้ชาย
プーチャーイ phûuchaay

家族 ครอบครัว

khrɔ̂ɔpkhrua

(父方の)祖父　ブー　ปู่　pùu

(父方の)祖母　ヤー　ย่า　yâa

(母方の)祖父　ター　ตา　taa

(母方の)祖母　ヤーイ　ยาย　yaay

父　ポー　พ่อ　phɔ̂ɔ

母　メー　แม่　mɛ̂ɛ

兄弟（姉妹）　ピー・ノーン　พี่น้อง　phîinɔ́ɔŋ

夫　サーミー　สามี　sǎamii

私（女）　ディチャン　ดิฉัน　dichán

夫婦　サーミー・パンラヤー　สามีภรรยา　sǎamii phanrayaa

娘　ルークサーオ　ลูกสาว　lûuksǎaw

息子　ルークチャーイ　ลูกชาย　lûukchaay

兄　ピーチャーイ　พี่ชาย　phîichaay

姉　ピーサーオ　พี่สาว　phîisǎaw

妹　ノーンサーオ　น้องสาว　nɔ́ɔŋsǎaw

弟　ノーンチャーイ　น้องชาย　nɔ́ɔŋchaay

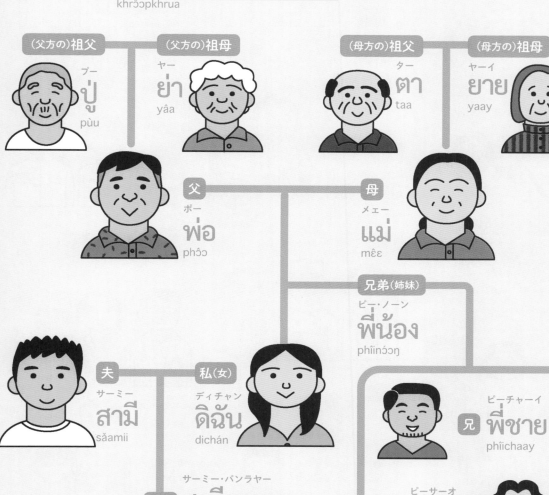

151

職業

アーチープ
อาชีพ
ʔaachîip

学生、生徒
ナック・スックサー　ナック・リィアン
นักศึกษา, นักเรียน
nák-sùksǎa, nák-rian

会社員
パナックガーン・ボーリサット
พนักงานบริษัท
phanákŋaan bɔɔrisàt

美容師
チャンスームスアイ
ช่างเสริมสวย
châŋ sǒomsǔay

先生
アーチャーン
อาจารย์
ʔaacaan

公務員
カーラーッチャカーン
ข้าราชการ
khâarâatchakaan

料理人
クック
กุ๊ก
kúk

医者
モー
หมอ
mɔ̌ɔ

店員
パナックガーン・ラーン
พนักงานร้าน
phanákŋaan ráan

運転手
コンカップ・ロット
คนขับรถ
khonkhàp-rót

看護師
パヤーバーン
พยาบาล
phayaabaan

警察官
タムルアット
ตำรวจ
tamrùat

アイドル
アイドン
ไอดอล
ʔaydɔn

歌手
ナック・ローン
นักร้อง
nák-rɔ́ɔŋ

俳優
ナック・サデェーン
นักแสดง
nák-sadɛɛŋ

主婦(夫)
メェーバーン　　ポーバーン
แม่บ้าน, พ่อบ้าน
mɛ̂ɛbâan　　phɔ̂ɔbâan

ファッション

フェーチャン
แฟชั่น
fɛɛchân

アクセサリー クルーアン・プラダップ
เครื่องประดับ
khrɯ̂aŋ pradàp

カバン クラパオ
กระเป๋า
krapǎw

帽子 ムアック
หมวก
mùak

服 スーアパー
เสื้อผ้า
sɯ̂a-phâa

ベルト ケムカット
เข็มขัด
khěmkhàt

靴 ローンターオ
รองเท้า
rɔɔŋtháaw

化粧品 クルーアン・サムアーン
เครื่องสำอาง
khrɯ̂aŋ sǎm-ʔaaŋ

鏡 クラチョック
กระจก
kracòk

香水 ナムホーム
น้ำหอม
námhɔ̌ɔm

チーク ブラッチャ・オーン
บลัชออน
blàtcha-ʔɔɔn

口紅 リップサティック
ลิปสติก
lípsatik

ファンデーション
ローンプーン
รองพื้น
rɔɔŋphɯ́ɯn

美容液 エッセン
เอสเซนส์
ʔétsén

オーガニック
オーケーニック
ออร์แกนิก
ʔɔɔkɛɛnìk

シートマスク ペェン・マークナー / ペェン・マースナー
แผ่นมาส์กหน้า
phèn máak nâa / phèn máas nâa

公共施設・店

$\underset{\text{サターンティー}}{ }$ $\underset{\text{サーターラナ}}{ }$ $\underset{\text{ラーン}}{ }$
สถานที่สาธารณะ · ร้าน
sathăanthîi săathaaraná? ráan

病院
ローンパヤーバーン
โรงพยาบาล
rooŋ-phayaabaan

警察署
サターニータムルアット
สถานีตำรวจ
sathăanii tamrùat

空港
サナームビン
สนามบิน
sanăambin

デパート
ハーン
ห้าง
hâaŋ
サッパスィンカー
(สรรพสินค้า)
sàpphasĭnkháa

市場
タラート
ตลาด
talàat

屋台
ラーン・リムターン
ร้านริมทาง
ráan-rimthaaŋ

レストラン
ラーン・アーハーン
ร้านอาหาร
ráan-ʔaahăan

トイレ
ホンナーム
ห้องน้ำ
hɔ̂ŋnáam

カフェ
カーフェー
คาเฟ่
khaafêe

駅
サターニー　ロットファイ
สถานี (รถไฟ)
sathăanii　rótfay
※（　）内はよく省略されます。

コンビニ
ラーン・サドゥアックスー
ร้านสะดวกซื้อ
ráan-sadùaksɯ́ɯ

郵便局
ティータムカーン　プライサニー
(ที่ทำการ) ไปรษณีย์
(thîithamkaan) praysanii

交通

チャラーチョーン
จราจร
caraacɔɔn

電車
ロットファイファー
รถไฟฟ้า
rótfayfáa

飛行機
クルーアンビン
เครื่องบิน
khrɯ̂aŋbin

地下鉄
ロットファイ ターイディン
รถไฟใต้ดิน
rótfay tâaidin

自動車
ロットヨン
รถยนต์
rótyon

タクシー
テェックスィー
แท็กซี่
théksii

路線バス
ロット・メー
รถเมล์
rót-mee

自転車
ロット・チャックラヤーン
รถจักรยาน
rót-càkkrayaan

救急車
ロット・パヤーバーン
รถพยาบาล
rót-phayaabaan

バイク
モートゥーサイ
มอเตอร์ไซค์
mɔɔtəəsay

トゥクトゥク（三輪タクシー）
トゥックトゥック
ตุ๊ก ๆ
túktúk

料理・飲み物
クルーアンドゥーム

アーハーン
อาหาร・เครื่องดื่ม
?aahǎan   khrɯ̂aŋdɯ̀ɯm

ご飯
カーオ
ข้าว
khâaw

箸
タキィアップ
ตะเกียบ
takìap

パクチー
パックチー
ผักชี
phàkchii

皿
チャーン
จาน
caan

スプーン
チョーン
ช้อน
chɔ́ɔn

タイ風チキンライス
カーオマン・カイ
ข้าวมันไก่
khâawman-kày

エビペースト入り混ぜご飯
カーオ・クルッカピ
ข้าวคลุกกะปิ
khâaw-khlúkkapì?

チャーハン
カーオ・パット
ข้าวผัด
khâaw-phàt

トムヤムクン
（タイ風酸っぱエビスープ）
トムヤムクン
ต้มยำกุ้ง
tômyamkûŋ

グリーンカレー
ケェーン・キィアオワーン
แกงเขียวหวาน
kɛɛŋ-khǐawwǎan

マッサマンカレー
ケェーン・マッサマン
แกงมัสมั่น
kɛɛŋ-mátsamàn

タイ風焼きそば
パットタイ
ผัดไทย
phàt thay

フォーク
ソム
ส้อม
sɔ̂m

春雨サラダ
ヤム・ウンセン
ยำวุ้นเส้น
yam-wúnsên

カーオニャオ・マムアン
（マンゴー・スティッキーライス）
カーオニィアオ・マムアン
ข้าวเหนียวมะม่วง
khâawnǐaw mamûaŋ

水
ナーム
น้ำ
náam

お茶
チャー
ชา
chaa

ナンプラー（魚醤）
ナムプラー
น้ำปลา
námplaa

コーヒー
カーフェー
กาแฟ
kaafɛɛ

酒
ラオ
เหล้า
lâw

類別詞　ラックサナナーム ลักษณะนาม
láksanànaam

類別詞	単語の例

ティー ที่ thîi
「〜か所」「（料理などの）〜人前」を表すときに使う。
例：3ที่(sǎam thîi) = 3か所　5ที่(hâa thîi) = 5人前

ヤーン อย่าง yàaŋ
「（料理などの）種類」を表すときに使う。
例：มีอาหาร 5 อย่าง(mii ʔaahǎan hâa yàaŋ) = 料理は5種類あります。

カン คัน khan
- チョーン ソム ช้อน, ส้อม chɔ́ɔn, sɔ̂m　スプーン、フォーク(個別に)
- ロット รถ rót　車
- ロム ร่ม rôm　傘

クー คู่ khûu
- チョーンソム ช้อนส้อม chɔ́ɔn sôm　スプーンとフォーク(セットで)
- タキィアップ ตะเกียบ takiap　お箸
- ローンターオ รองเท้า rɔɔŋtháaw　靴

クルーアン เครื่อง khrɯ̂aŋ
- コムピウトゥー คอมพิวเตอร์ khɔmphíwtə̂ə　コンピューター
- パット ロム พัดลม phátlom　扇風機
- サマート フォーン สมาร์ตโฟน samáatfoon　スマートフォン

コン คน khon
- コン คน khon　人
- ルークカー ลูกค้า lûukkháa　（お店)の客
- サマーチック สมาชิก samaachík　会員

チャバップ ฉบับ chabàp
- ニッタヤサーン นิตยสาร níttayasǎan　雑誌
- ナンスーピム หนังสือพิมพ์ nǎŋsɯ̌ɯphim　新聞
- イーメーオ อีเมล ʔii-meew(l)　Eメール

ダーム ด้าม dâam
- カイクアン ไขควง khǎykhuaŋ　ドライバー(工具)
- パーッカー ปากกา pàakkaa　ペン
- プーカン พู่กัน phùukan　筆

トゥア ตัว tua
- ト カオ・イー โต๊ะ, เก้าอี้ tóʔ, kâw-ʔîi　机、椅子
- サット สัตว์ sàt　動物
- スーアパー เสื้อผ้า sɯ̂a-phâa　洋服

テェン แท่ง thêŋ
- ディンソー ดินสอ dinsɔ̌ɔ　鉛筆
- リップサティック ลิปสติก lípsatik　口紅
- アイサクリーム ไอศกรีม ʔaysakriim　アイス

バイ ใบ bai
- クラパオ กระเป๋า krapǎw　カバン
- ケェーオ แก้ว kɛ̂ɛw　コップ
- カイ ไข่ khày　卵

ペェン แผ่น phèn
- クラダート กระดาษ kradàat　紙
- スィーディー ディーウィーディー CD, DVD siidii, diiwiidii　CD、DVD
- ナームバット นามบัตร naambàt　名刺

ルーク ลูก lûuk
- ポンラマーイ ผลไม้ phǒnlamáay　果物
- ルークチン ลูกชิ้น lûukchín　（肉などの)団子
- プーカオ ภูเขา phuukhǎw　山

レム เล่ม lêm
- ティアン เทียน thian　ろうそく
- ミート มีด mîit　ナイフ、包丁
- ナンスー หนังสือ nǎŋsɯ̌ɯ　本

サーイ สาย sǎay
- タノン ถนน thanǒn　道、道路
- メェーナーム แม่น้ำ mɛ̂ɛnáam　川
- サーイ リィアック カオ สายเรียกเข้า sǎay rîak khâw　電話の着信

アン อัน ʔan
- タオリート เตารีด tawriit　アイロン
- ファイチェック ไฟแช็ก faychék　ライター
- ウェンター แว่นตา wêntaa　眼鏡

数字 ตัวเลข (トゥアレーク) ⓂＭ 4_10

tualêek

0	1	2	3	4
スーン	ヌン	ソーン	サーム	スィー
๐	๑	๒	๓	๔
sǔun	nɯ̀ŋ	sɔ̌ɔŋ	sǎam	sìi

5	6	7	8	9
ハー	ホック	チェット	ペート	カーオ
๕	๖	๗	๘	๙
hâa	hòk	cèt	pὲɛt	kâaw

10	100	1,000	10,000	100,000	1,000,000
スィップ	（ヌン）ローイ	（ヌン）パン	（ヌン）ムーン	（ヌン）セーン	（ヌン）ラーン
๑๐	๑๐๐	๑,๐๐๐	๑๐,๐๐๐	๑๐๐,๐๐๐	๑,๐๐๐,๐๐๐
sìp	(nɯ̀ŋ) rɔ́ɔy	(nɯ̀ŋ) phan	(nɯ̀ŋ) mɯ̀ɯn	(nɯ̀ŋ) sɛ̌ɛn	(nɯ̀ŋ) láan

20	300	4,000	50,000	600,000	7,000,000
イー・スィップ	サーム・ローイ	スィー・パン	ハー・ムーン	ホック・セーン	チェット・ラーン
๒๐	๓๐๐	๔,๐๐๐	๕๐,๐๐๐	๖๐๐,๐๐๐	๗,๐๐๐,๐๐๐
yîi sìp	sǎam rɔ́ɔy	sìi phan	hâa mɯ̀ɯn	hòk sɛ̌ɛn	cèt láan

「〜日」はタイ語で「วันที่ 〜」(wan thîi) といいます。（ワンティー）

日付に関する疑問文「วันที่ เท่าไร（何日ですか？）」(wanthîi thâwrày) や（ワンティー タオライ）

「เมื่อไร（いつですか？）」(mɯ̂aray) に対して、「วันที่ ＋数字」と答えます。（ムーアライ）（ワンティー）

例えば、「วันที่ 1（1日）」(wanthîi nɯ̀ŋ)、（ワンティー ヌン）

「วันที่ 31（31日）」(wanthîi sǎamsìp ʔèt) です。（ワンティー サームスィップエット）

月・曜日 เดือน・วัน ドゥーアン ワン Ⓜ 4_11

dɯan・wan

2月を別として、30日まである月は「～ยน」（～yon）で終わり、
31日まである月は「～คม」（～khom）で終わります。

1月	2月	3月
マカラーコム／モッカラーコム	クムパーパン	ミーナーコム
มกราคม	กุมภาพันธ์	มีนาคม
mákaraa-khom/mókkaraa-khom	kumphaa-phan	miinaa-khom

4月	5月	6月
メーサーヨン	プルッサパーコム	ミトゥナーヨン
เมษายน	พฤษภาคม	มิถุนายน
meesǎa-yon	phrɯ́tsaphaa-khom	míthǔnaa-yon

7月	8月	9月
カラカダーコム／カラッカダーコム	スィンハーコム	カンヤーヨン
กรกฎาคม	สิงหาคม	กันยายน
karákadaa-khom/karákkadaa-khom	sǐŋhǎa-khom	kanyaa-yon

10月	11月	12月	何月
トゥラーコム	プルッサチカーヨン	タンワーコム	ドゥーアン　アライ
ตุลาคม	พฤศจิกายน	ธันวาคม	**เดือนอะไร**
tùlaa-khom	phrɯ́tsacìkaa-yon	thanwaa-khom	dɯan ʔaray

タイ人は、自分が生まれた曜日を覚えています。また、各曜日にはヒンドゥー教の伝説
に基づく、決まった色があります（色は 114 ページ）。

月曜日	火曜日	水曜日	木曜日
ワン　チャン	ワン　アンカーン	ワン　プット	ワン プルハットサボーディー／ワン パルハットサボーディー
วันจันทร์	วันอังคาร	วันพุธ	วันพฤหัสบดี
wan can	wan ʔaŋkhaan	wan phút	wan phrɯ́hàtsàbɔɔdii/wan pharɯ́hàtsàbɔɔdii

金曜日	土曜日	日曜日	何曜日
ワン　スック	ワン　サオ	ワン　アーティット	ワンアライ
วันศุกร์	วันเสาร์	วันอาทิตย์	วันอะไร
wan sùk	wan sǎw	wan ʔaathít	wan ʔaray

著者
コースィット・ティップティエンポン（โฆษิต ทิพย์เทียมพงษ์/Kosit Tiptiempong）
東京外国語大学・大学院総合国際学研究院 准教授。
チュラーロンコーン大学経済学部卒業。早稲田大学大学院アジア太平洋研究科博士後期課程国際関係学専攻修了。タイ国放送通信委員会事務局テレビ・ラジオアナウンサー資格取得。NHK WORLD-JAPAN タイ語アナウンサー・ナレーター。外務省タイ語研修非常勤講師。2005 年 Nai-In 文学賞ノンフィクション部門受賞（タイ）。主な著書・翻訳に『**ญี่ปุ่นหลากมุม**』（Praew）、『地球の音楽』（共著）（東京外国語大学出版会）、江戸川乱歩著『白髪鬼』（日タイ翻訳）（JClass）などがある。

イラスト	ばばめぐみ
ナレーション	ティダーラット・ノイスワン／コースィット・ティップティエンポン／水月優希
本文デザイン	mogmog Inc.
編集・制作協力	株式会社エディポック（古川陽子）、長坂亮子
校正協力	福冨渉
編集担当	山路和彦（ナツメ出版企画株式会社）

ナツメ社Webサイト
https://www.natsume.co.jp
書籍の最新情報（正誤情報を含む）はナツメ社Webサイトをご覧ください。

本書に関するお問い合わせは、書名・発行日・該当ページを明記の上、
下記のいずれかの方法にてお送りください。電話でのお問い合わせはお受けしておりません。
・ナツメ社 web サイトの問い合わせフォーム
https://www.natsume.co.jp/contact
・FAX（03-3291-1305）
・郵送（下記、ナツメ出版企画株式会社宛て）
なお、回答までに日にちをいただく場合があります。正誤のお問い合わせ以外の書籍内容に関する解説・個別の相談は行っておりません。あらかじめご了承ください。

オールカラー
超入門(ちょうにゅうもん)！ 書(か)いて覚(おぼ)えるタイ語(ご)ドリル

2023年 7 月6日　初版発行
2024年11月1日　第２刷発行

著　者　コースィット・ティップティエンポン　©โฆษิต ทิพย์เทียมพงษ์/Kosit Tiptiempong, 2023
発行者　田村正隆
発行所　株式会社ナツメ社
東京都千代田区神田神保町1-52　ナツメ社ビル１F（〒101-0051）
電話03-3291-1257（代表）　FAX 03-3291-5761
振替00130-1-58661
制　作　ナツメ出版企画株式会社
東京都千代田区神田神保町1-52　ナツメ社ビル３F（〒101-0051）
電話03-3295-3921（代表）
印刷所　ラン印刷社

ISBN978-4-8163-7397-8　　Printed in Japan
〈定価はカバーに表示してあります〉〈乱丁・落丁本はお取り替えします〉